怒る勇気

岸見一郎
Kishimi Ichiro

河出新書
037

はじめに

人生が順風満帆で、自分が願うことがすべて叶い、子どもの頃から一度も挫折をすることもなく生きてきた人、時に何かで躓《つまず》くことがあっても、自分の思い通りの人生を送ってきた人がいる。また、大きな病気になったこともなく、まずまず健康な生活を送ってきたという人もいる。

しかし、幸福な人生を送っていると思っている人でも、人生の行く手を遮《さえぎ》る出来事に遭遇する。誰も病気、老い、死を避けることはできない。老いとはまだ無縁だと思っている若い人でも突然病気になることがある。事故に遭って大きな怪我をするかもしれない。地震、台風、津波といった自然災害にもいつ遭うかわからない。

人と会ってどこかへ出かける計画を立てていたのに、電車事故のために出かけられなくなるというようなことであれば、機会を改めて出かければいいだけであり、生活に大きな支障をきたすことはない。しかし、病気になり、そのために仕事を失うようなことになって、もはや起死回生はできないと考えれば、これからの人生をどう生きていいのかと絶望することになるかもしれない。

他者が自分の人生の行く手を遮るかもしれない。何かをしようとしたら干渉する人が現れる。結婚しようとしたら親が反対する。結婚はしないでおこうと決めていても、親が黙ってはいない。一緒に仕事をしている人、一緒に暮らしている人とも考えを異にしてぶつかることがある。

職場では上司から無理難題を吹っかけられる。上司の不正を見逃すことや、嘘をつくことを強《し》いられた時、そんなことは断じてしたくないと思っても、生活のことを考えれば、上司の命令に背《そむ》くことはできないと思って、上司に従ってしまう。ところが、上司がいう通りにしたのに問題が発覚すると、上司は部下が勝手にやったのだというようなことをいって部下に責任を転嫁《てんか》する。仮に本当に部下が勝手にしたとしても、上司は知らなかったからといって責任を免《まぬか》れることはできないはずだが、不利な目に遭うのは部下である。

いずれにしても、無理難題を吹っかける上司が自分の人生の行く手を遮る存在になる。後になって、なぜ上司の指示に従ったのだろうかと悔やむことになるだろうが、その場の空気に呑まれてしまったのだといってみても始まらない。

「あの時は自分の身を守るためには上司に従うしかなかったのだ」

どんなに自分にそう言い聞かせてみても、受け入れてはいけないことを受け入れ、上司の不当な依頼を断れなかった自分が許せない。そのような人は、上司が命じるままに不正を行ったとはいえ、良心の呵責《かしやく》に苛《さいな》まれるであろう。

問題は、自分の行為を何ら恥じることのない人である。上司のいう通りにして昇進した同僚もいるではないか。それなのに、どうして私は責任を取らされないといけないのか、不公平ではないかと思う。このような人にとっても、上司は自分の行く手を遮る存在である。

人生の行く手を遮るさらにもっと大きなものは政治だ。政治家に幸福にしてもらおうなどと思わない人でも、無策な政治家に不幸にされたいとは思わないだろう。新型コロナウイルスが蔓延し、生活のあり方が一変することになると予想していた人はいなかっただろう。他の病気と違って感染するので個人の力だけでは到底防ぎようがない。政府は積極的に感染拡大を抑える施策を打ち出さなければならない。それにもかかわらず、ことごとく対応に失敗する。コロナウイルスは未知のものなので、どんな対応をしても功を奏さないことは当然ある。対応が間違っていることがわかれば、直ちに撤退するべきなのにそうしようとしない。何もしなくても時が経てば何とかなるはずなどないのに、収束後のことにばかり目を向け、生命よりも経済を重視する政治は、国民が何事もなければ穏やかに生きられたであろう人生を送ることを不可能にする。

このように自分が望むように生きることを困難にし、人生の行く手を遮るかのような出来事に遭遇した時に、ただ諦め絶望するしかないのか。困難な出来事がまったく起こらないような順風満帆な人生を送ることはできない。しかし、行く手を遮られたからといって諦めたくはない。どうすればいいか。

まず、自分の力でできることとできないことを見極めなければならない。人生には避けられないことがある。死にたくないといってみたところで、いつかは誰もが必ず死ぬ。病気になり、老い、ついに死ぬのは自然の摂理である。それでも、避けることができないことをどう受け止めるかは自分が決められる。

同じ避けられないことであっても、自然の摂理ではないことがある。病気になることは避けられないが、医療過誤で命を失うことは自然の摂理ではない。医師が懸命の治療をしようと思っても、満床であれば治療を受けることができない。平時であれば助かったかもしれない生命がコロナ禍においては失われる。地震や台風は自然災害だが、必要な対策がなされていなかったために被害が拡大したのであれば、それはもはや天災ではなく人災である。国や為政者が国民の自助努力にばかり頼り、コロナウイルスに何ら手を打たない、あるいは有効な手を打たないために感染者が増えれば人災である。

私が本書で考えたいのは、今の世の中に起こる理不尽なことにどう対処するかである。私はこれまで多くの著作の中で怒ることの問題を指摘し、それに代わる他者との関わり方をもっぱら教育や子育て、またリーダー論の文脈で論じてきた。

感情的な、あるいは気分的な怒りは問題解決のために即効性はあるが、叱ってみてもまた同じ問題が繰り返されるのであれば有効とはいえない。それにもかかわらず、他の方法を知らない人は叱ることをやめない。もう少し強く叱れば子どもや部下は改心して行動を改めるに違いないという希望を捨てられないために、同じことが繰り返されるのである。

怒ることと叱ることは別物だといい、怒ることは問題だが、躾《しつ》けや教育には叱ることは必要だという人がいる。しかし、叱る時に怒らない人はいない。怒りは人と人との関係を遠ざける。子育てにおいても教育においても、教えなければならないことがある。その際、対人関係の心理的な距離が遠ければ、たとえ親や教師、また上司が正しいことをいっても、受け入れられないだろう。正しければ余計に受け入れられない。多くの人が犯す間違いは、叱ること、怒ることで対人関係の心理的な距離を遠くしておいてから教えようとすることである。そのようなことは不可能である。だから、叱ってはいけない、怒ってはいけないのだ。この考えに変わりはない。

叱ることや怒ることを私が否定するのは対人関係の中でのことである。しかし、あまりに理不尽なことが多い今の世の中では怒らなければいけないのである。私は『嫌われる勇気』の中で、哲人に「公憤《こうふん》」という言葉を語らせた。これは気分的で感情的な怒りである「私憤《しふん》」とは違って、不正に対する怒り、人間の尊厳を侵害された時の怒りである。人がこの怒りを忘れる時、世の中の不正はいよいよ蔓延《はびこ》ることになる。

目下《もっか》起きている理不尽なことは先に少し例をあげたが枚挙に暇《いとま》がない。それらに対して、手を拱《こまね》いていてはいけない。怒りを感じないことはもとより、怒りを感じても黙って何もしないことは、理不尽なことを認めることになる。

私は、本書で公憤としての怒りはどういうものか、怒らなければどんな問題が起こるかを明らかにし、どうすることが公憤としての怒りを持つことなのかを考えてみたい。人が真に怒れば、この世界は必ず変わる。何としても変えなければならない。

目次

第2章　空気はない　47

第3章 圧力に屈するな

第4章　怒りを忘れるな

第5章 対話が世界を変える

第1章

理不尽な現実に抗せよ

起こることは理不尽なことばかり

この世には理不尽なことが多々ある。

二〇二〇年はオリンピック特需だと期待していた企業はたくさんあったが、コロナ騒動で期待の針は正反対の方向に振れた。コロナ感染のリスクを冒してまで開催できないという判断で延期が決まった。その感染拡大の勢いが衰えない中、二〇二一年に開催されたオリンピックを心から楽しむことはできなかった。コロナ禍でオリンピックを楽しめたという人がいるとすれば、西日本豪雨の中で被災地のことなど少しも考えずに酒宴を楽しめるような人だけだろう。

一年経ってもコロナウイルスの感染の勢いは止まらなかった。長らくコロナウイルスの感染拡大を抑えるために自粛し、いわば下流で一生懸命清掃に努めてきたのに、オリンピックを開催することは上流を汚すに等しい暴挙だった。国の威信のために国民の、さらには世界の人々の生命を賭けることの理不尽さを感じない人がオリンピックを楽しめたとしたら、日々多くの人が亡くなっていったという現実から目を逸らしたからである。

生命を脅かす地震や台風や大雪なども平凡な日常を一変させる。いつものように会社に出かけるために玄関を出たら、事故に遭って二度と帰れなくなることもありうる。「いつもの日常」などと私たちは簡単に口にするが、何事もなくいつまでも続くと思っていた日常の調和や秩序は、人生の行く手を妨げる他者との関係や出来事などの外的要因によって容易に壊される。そのことを従容《しょうよう》として受け入れられる人は少ないだろう。

英語の「アワー」(hour)の語源である古代ギリシア語の「ホーラー」という言葉がある。これは、天地悠久の秩序としての「季節」という意味である。それの形容詞形である「ホーライオス」は、「時宜《じぎ》にかなった」「よろしきにかなった」という意味だが、それは「正しいこと」「正義」という人間の行為の規範を示す観念とそのまま重なり合うものだった(藤沢令夫『ギリシア哲学と現代』)。

ヘーシオドスの『仕事と日』には、

「デーメーテールの授けたもう大地の稔り、その穀物を、
時を違えず取り入れて」

とある。

「時を違えず」が「ホーライオス」である。「いつもの日常」も、作物の旬も「ホーライオス」であってしかるべきである。ところが、台風のために収穫を前に稲穂が倒れてしまったり、林檎が落ちてしまったりすることがある。

コロナウイルスの感染拡大を防ぐために、人が集まらないように満開のチューリップや藤の花を刈り取るということがあった。オリンピックのパブリックビューイングの

ためという名目で公園の木々が伐採された。鳥インフルエンザで養鶏場の鶏をことごとく殺処分したり、実りが台風や人の手で時宜にかなわず落ちたり刈られたりすることは「ホーライオス」ではない。どうしてこんなことになってしまったのかと、時宜にかなわない、理不尽な出来事を前にすると嘆息し絶望しないわけにはいかない。

さらにいえば、このようなことを見聞きして心を痛めるのは、自然を生命（いのち）あるものと見なしているからである。古代ギリシアの哲学者たちは、万物の根源を水や空気であると考えたが、それらはものではなく、「魂」であり「神」だった。このような考え方を非科学的であると斥《しりぞ》けることはできない。木々を伐採したり海を埋め立てたりするような自然破壊をしても、そのことを何とも思わない政治家たちは自然に生命など見ていない。どんな形であれ自然が失われることに心を痛める人は、古代ギリシア人と同じように自然を生命と見ているのである。だから、台風のために稲穂が倒れ収穫前の林檎が落ちるのを見れば、そのことが若くして人が亡くなった時のように時宜にかなわないことと思うのである。

それでも、自然の営みの中での出来事により時宜にかなわないのなら、まだ諦めもつくかもしれない。しかし、人間が自然を破壊することは理不尽だと思わないわけにいかない。

身近な人や自分の死は受け入れられない

人はいつまでも若くはいられない。生涯一度も病気にならない人はいない。そして、誰もが例外なく死ぬ。これらのことはどれも自然の摂理だが、天寿を全うした、先に見た言葉を使えば「ホーライオス」、つまり時宜にかなった死を迎えたとしても、家族はその死をすぐには受け入れることはできない。

本人もどれほど長生きできたとしても、自分の死を従容として受け入れることは難しい。何歳であっても、ドストエフスキーの『白痴』に出てくる死刑囚のように「こんなに突然であれば困るではないか」といいたくなるだろう。この死刑囚はいずれ死刑になる覚悟はしていたが、予想していたよりも早く刑が執行されることになった時に、「困るではないか」と嘆息したのである。

生涯多くの本を著《あらわ》し、晩年は、原稿を口述筆記していた老哲学者がいた。ある日、口述の最中に、この哲学者は突然、「一体、私の人生は何だったのか」と呟いた。死が間近に迫る中、これまでの人生を振り返って、自分の人生には何の価値もないことに気づいたのだとすれば痛ましい。

老いも若きも死を前にして、自分が思っていたよりも早いではないかと思った人は、自分の死が理不尽に思える。

とりわけ、若い人が病気や不慮の事故などで亡くなると、その死は理不尽に思われる。その死はホーライオスではない。時を違えた死である。親も本人もそう思うだろう。急死した若い人の親は、もしもこんなに若く死なずに長生きできたら享受できたであろうよきことを経験できなかったことを嘆く。長く生きればもっと悪しきことを経験することになったかもしれないのだが。

病気になった人は、自分がなぜこんな目に遭わなければならなかったのか、健康には人一倍留意していたのに、なぜ他ならぬこの私が病気にならなければならなかったのかと思う。

本人が安楽死を望んで亡くなるという場合も、残された家族はその死をホーライオスとは思えないだろう。

コロナウイルスで愛する人を亡くした人はウイルスが憎いと思う。ウイルスを敵と見立てて、今起こっていることをウイルスとの戦争に喩《たと》える人もいる。しかし、ウイルスは人間に怒りや憎しみを感じているわけではない。そう考えてみても、なぜ死ななければならなかったのかといつまでも悔やむことになるだろう。

受け入れられない死の責任の所在を問う

理不尽であると感じるもう一つの場合がある。老いや病気、死、地震や津波などの天災はいずれも避けることはできないが、その不可抗力と思える部分以外に責任を問える誰かが関係し、そのために死ぬことになったとすれば、その死は理不尽であり、受け入れがたい。

地震や津波は不可抗力だが、必要な防災対策が採られていなかったり、人が作らなければ起こるはずがなかった原子力発電所によって引き起こされた事故で被曝したり、住み慣れた故郷を追われたりすることは理不尽である。

避難所暮らしが長引いて自殺された方がおられたが、そのようなことも家族にすれば到底納得できず、理不尽なことにしか思えない。事故や犯罪に巻き込まれて亡くなるのも同じである。

病気についていえば、手術が必ず成功するとは限らない。手術中に急に血圧が降下し心臓が停止するという不測の事態が起こり、懸命に処置をしたにもかかわらずなす術《すべ》がなかったというようなことである。家族は起こったことについて医師から説明を受けるが、起こったことをすぐに受け入れるのは難しい。まして、医療過誤のために手術中に亡くなったのであれば、家族はその死を理不尽なものだと思い、受け入れられないだろう。

イギリスの精神科医であるR・D・レインが自伝の中で、宗教哲学者マルティン・ブーバーの次のようなエピソードを引いている（『レイン　わが半生』）。

「ブーバーは講演台の向う側に立って、人間の条件だとか、神だとか、アブラハムとの契約だとかについて話をしていた、その時、急に、前にあった大きな重い聖書を両手でつかみ、できるだけ高く頭の上に持ちあげてから講演台の上に投げつけるように落し、両腕を一杯に伸ばしたまま、こう絶叫した。『強制収容所でのあの大虐殺が起ってしまった今、この本が何の役に立つと言うのか！』」

ユダヤ教徒であるブーバーは、神がユダヤ人に対して行ったことに憤激したのである。神が創造したこの世界で、ユダヤ人の大虐殺など起こるはずもないことだった。

病気で気づく「価値あるもの」の真実

生の理不尽、人生の苦しみから逃れたい人がいる。

古代のギリシア人は生まれてこなかったことが一番幸福であり、次に幸福なのは生まれたらすぐに死ぬことだと考えた。

これまでの人生で一度も躓《つまず》くことなく順風満帆の人生を送ってきた人であれば、生まれてこなかったことが一番幸福であるとギリシア人が考えたことを理解できないかもしれない。そのような人にとっては、死こそ避けるべきことであり、それをよきことと見るなどありえないと思うだろう。

しかし、これからの人生も大きな問題もなく生きられると思っていたのに、突然、人生の行く手を遮るような大きな出来事に遭遇すれば、先の人生がまったく見えなくなってしまう。

激痛があったり、身体を自由に動かせなかったりする人も、この苦しみが一体いつまで続くのだろうと思う。元気な時であれば、明日という日がやってくることは当然のことなので、こんな苦しみが続くのであればいっそこないでほしいとまで思い詰めることになるとは思ってもいなかったであろう。

私は五十歳の時に心筋梗塞で入院したことがある。早朝に発症し救急車で病院に搬送された。医師から心筋梗塞であると告知された時、死を思った。幸い、一命を取り留めることができたが、集中治療室にいた最初の数日は、身体の向きを自分で変えることを許されず、数時間ごとに看護師の助けを借りて反対の方に向かされた。集中治療室に時計がなかったのか、それとも身体の向きを変えると時計が見えなくなったのか今となってはわからないのだが、時計が見えない向きに寝かされると時間が止まった。そうなると、入院した当初のように不断に苦痛を感じることはなくなっていたが、生きることがつらいと思った。

元気な時であれば明日という日がくることが当然のことと思っているが、そのことが決して自明ではないことに思い当たった時、それまで価値があると思っていたものが少しも価値がないことに気づく。

小学校の同級生の母親が病気になった時、父親が病床で札束を見せて、「このお金で治してやる」といったという話を聞いたことがある。

治療を受ければ治ることは当然あるだろう、その治療を受けるためにはお金がいる、そのお金があるから、何としてでも病気を治してやろうと父親は考えたのだろう。しかし、その話を聞いた時、私はお金があっても病気を治せるとは限らないだろうと思った。

同級生の母親がその後回復したかどうかは知らないのだが、そうでなかったら、お金があってもどうにもならないことがあるという現実を知って絶望したかもしれない。このように、病気になるとそれまで疑ってもいなかったことが決して自明ではなかったことに気づく。お金があれば何でも思い通りになると思っていた人もそうではなかったことを知る。何をしてでも苦しみから逃れ生きたいと思ってもそれが叶わないことを知って愕然とする。

コロナ感染で直面する理不尽な現実

理不尽なことへの怒りや絶望は事柄そのものから起こるだけではない。

病気を憎むことや、病気を制圧するべき「闘う」相手と見なすことは、やがて病気のみならず、病気の人にもスティグマ（汚名）を着せることになる（Susan Sontag, *Illness as Metaphor and AIDS and Its Metaphors*）。ウイルスだけでなく、ウイルスに感染した人もスティグマが着せられるようなことがあると、感染した人は憎しみの対象になり、感染したことで責められ、回復しても謝罪しなければならなくなる。

病気になっても同情されない。ことに感染症の場合、好き好んで感染したわけではないのに感染したことが落ち度であると見なされ、そのために他者に感染リスクを負わせたと非難されたら、感染した人はこのような現実を理不尽だと思うだろう。

このようなことを経験する時、怖いのは病気ではなく人であると思うだろう。病気になること自体が苦しいが、それ以上に病気になった時に経験する対人関係は生きることを苦しいものにする。

病気になれば、死ぬこともありうる。それは先にも書いたように自然の摂理かもしれないが、コロナウイルスのような感染症の場合、政府がその感染拡大防止のために適切な対策をしなかった結果死ぬことになれば、その死は理不尽であり、人災といわなければならない。

古代ギリシアのアテナイは、紀元前四三〇年、ペロポネソス戦争の最中に感染症に見舞われた。家族すらも感染を恐れたため看護する人はいなくなり、患者は一人で死んでいった。家族の死を嘆くことなく呆然としているのを見た慈悲のある人は、この状態を恥ずかしく思い、我が身を省みることなく不幸な友人を訪ね、そのため病気に感染し犠牲になったと自らも感染したトゥキュディデスが報告している（『歴史』）。トゥキュディデスは自分が感染するとは思っていなかったかもしれないが、このような犠牲は理不尽だと当時も見なされたのではないかと思う。今の時代であれば、懸命の治療に励《はげ》む医療従事者がコロナウイルスに感染し犠牲になることに相当する。

不正が横行するような悪政は人を不幸にする。政治家に幸福にしてもらおうなどとは思わないが、政治家に不幸にされたくはない。国民に目を向けようとはせずに、コロナ禍の最中に私腹を肥やそうとしたり、危機の中で今すぐに通さなくていい法案を通そうとしたりする。無策で無能な政治家に任せておけば、生命が危険に曝《さら》される。

人生は順風満帆ではない。これまで見てきたような人生の行く手を遮る出来事は生きている限り、いくつも経験することになる。その中には理不尽としか思えないこともある。

対処法（1）何もしない

では、行く手を遮るような困難な現実や理不尽な現実に遭遇した時にどう対処すればいいいだろうか。考えうる対処法をいくつかあげながら、それぞれの特徴や問題点を考えてみよう。それらを検証した上で、最後に私の立場を見出していきたい。

第一の対処法は、何が起こっても何もしないことである。

対処法について考えているので、何もしないというのは本来対処法とはいえないかもしれないが、自分に降りかかった現実に対して意識して何もしないでおこうとすることは一つの対処法といえるだろう。

哲学者の田中美知太郎は関東大震災の時、友人二人はテーブルの下へ頭を突っ込んでいたが、逃げ場もないので、椅子に腰掛けたままだった。

「あとで友人はわたしが泰然自若としていたといって、哲学者はやっぱりちがうなどと買いかぶったようなことを言ってくれたが、たぶん茫然としていただけのことではなかったかと思う」（田中美知太郎『時代と私』）

地震があった時でも逃げたりしないでじっとしておこうと決めておくというのであれば、これは「何もしない」という対処法になる。

人生は自分が望むことばかりが起こるわけではない。今は幸福の絶頂にあると思っていても、たちまちその絶頂から突き落とされるような経験をする。苦労して入った会社が倒産することもめずらしいことではなくなった。

このような経験をすると、幸福はいつまでも続かないものだと思う。そのような時、これも運命だから仕方ないと泰然自若としている人もいるだろうが、我が身に突如降りかかった不運を嘆いて涙する人もいる。

健康な人がある日病気になると、こうなる前に何かできたことがなかったかと思う。病気になったという事実はもはや変えられない。これからどうなるかもわからない。変えられないけれども、来し方を振り返ると、こうしていればよかったというようなことばかりが思い出される。

心筋梗塞で倒れ入院していた私に主治医はこんなことをいった。

「『なぜ私が』という被害者意識が出てきます。他の人は気楽に生きているのにというような」

酒も飲まず煙草も吸わなかったのに、私だけなぜこんな目に遭うのか。この病気になるのはもっと高齢の人ではなかったのか。それなのに、なぜ私はこんなに若いのに死の淵を彷徨《さまよ》う経験をしなければならなかったのか。生命の危険を脱し、少し落ち着いた時、たしかに、私も医師がいったようなことを病床で考えた。

そんなふうに思った時の対応は人によって違う。自分だけがこのような目に遭わなければならないことが納得できず、怒りを覚える人もいるだろうが、病気になった我が身の不遇を嘆くだけで何もしない人はいる。

対人関係も自分の思うようにはならない。皆が自分に好意を持ってくれるいい人とは限らない。事実無根の中傷を受け、不当に貶《おとし》められるというような理不尽な目に遭うこともある。

そのような時、自分はそんな目に遭わなければならないようなことは何一つしておらず、自分が正しいことは確信していても、自分を非難する人に対して何の抵抗もしない。何も抵抗できないというべきか。

どんなに嘆いてみても、病気、老い、死を避けることはできない。たしかに、医学が発達したので、かつては不治だった病気がそうではなくなった。完治することも可能になった。そのため、寿命は延びたが、それでも誰も死を免《まぬか》れることはできない。

だから、何もしないで受け入れるのは一つの見識ではあるが、理不尽にしか思えない困難を前にした時に、手を拱《こまね》いて何もしなければ、当然何も起こらない。しかし、起こったことに対して何もしなくても、実際には、何の感情も起きないということはないだろう。

困難を前にした時に、自分にできることは何一つないと絶望し、泣く人がいる。そこまではいかなくても、意気消沈する。そうすると、意識的にではないとしても、まわりの人を何らかの仕方で動かすことになる。

子どもは泣くことでしか自分の要求を伝えることはできない。親は泣き声を聞いて子どもが何を今欲しているかを理解する。子どもにとって泣くことは生きるために絶対に必要なことである。

しかし、子どもは大きくなれば、自力でできることは自分でしなければならない。それなのに、いつまでも大人に頼るような子どもはまわりの人に依存して生きるようになる。自分の身に起こった困難は自分で解決するしかない。もちろん、すべてを自力で解決できるわけではないので、誰かに頼らなければならないことはあるが、初めから人に頼って何もしないのは問題である。

怖いものを見て泣き始めた子どもは怖いものを見ないですむよう目を瞑《つむ》る。無論、目を瞑ったところで事態は何も変わらない。目を開けた時、世界は依然怖いままである。

さらに問題は、何もしないで事態を受け入れようとする人は、自分では何もしないが他者を動かそうとすることである。泣くことで事態を変えることはできなくても、泣けばまわりの人が本来自分がしなければならないことを代わりにしてくれることを学んだ子どもは、大人になっても他者に依存するようになるかもしれない。

どうすればいいかはこれから考えていくが、自分の身に何かが降りかかった時に、何もしないのはおかしい。

地震、津波、台風などの自然災害は避けることはできない。かつては突然雨風が強まり、家屋が倒壊したり河川が氾濫したりして人が亡くなったかもしれないが、今は台風の進路を予測し危害が及ぶ前に避難することも可能になった。それでも、進路を正確に予想することはできないが、避難すれば最悪の事態は回避できるだろう。

いつか起こるとわかっているつもりでいても、長年大きな地震や津波に襲われることがなければ、意識を常に災害に向け続けることは難しく、そうなると、事実上、不意打ちになってしまう。

目下《もっか》、世界を席巻するコロナウイルスの感染拡大に対してワクチン接種は始まったが、政府は何もしていないといっていいほど無策である。作家の多和田葉子は、次のようにいっている。

「日本は、じっとうつむいて待っていればコロナは自然と去っていく、と思っている人も多いのではないですか。うつむいてしまうと、世界の状況が見えなくなってしまいます。うつむいている人たちを揺り起こしたい、危機なんだと揺さぶりたい、大きな風景を見せたい」（「ただコロナに耐える日本は不思議　多和田葉子さんの視点」『朝日新聞』二〇二〇年九月三日）

「危機なんだ」と揺さぶるだけでは十分ではないが、コロナウイルスに限らず、危機はいつの間にか去っていくわけではない。

対処法（2）自分を世界に合わせる

第二の対処法は、自分を世界に合わせることである。起こっていることを何もしないで受け入れるのではなく、起こったことを受け入れられるように意味づけをすることである。

私は心筋梗塞のため絶対安静を強《し》いられ、身体の向きを変えることすら自力ではできないという経験をした時、なぜ自分がこんなことになったのかと考えた。なぜこんな目に遭ったのかと自分の不運を嘆いたり、自分や他の人を責めたりしても、起きてしまったことはもはやどうすることもできないと考えた。

しかし、病気に限らず起こったことを受け入れるためには、自分やこの世界に起こることがどれほど理不尽としか思えなくても、何らかの仕方で意味づけをしなければならない。たとえどんなに理不尽なことであっても起きたことに何か意味があったのではないかとか、この人生には無駄なことは何一つ起こらないと考えて起きたことを受け入れようとするのである。

対人関係においても、相手を変えることはできない、変えられるのは自分だけであると考える。相手がひどい物言いをしても、相手の言動には何かよい意図があるに違いないと見直せば、そのことが相手との関係を見直すきっかけになり、関係を改善できると考えるのである。

自然災害は必ず起こり災害に遭わないでいられることはないが、台風を例にすれば、その進路を予測することで被害を最小限に留めることができる。

これは、自分を世界に合わせることの例と見ることができる。ずいぶんと前から大きな地震がくるといわれていても、地震を正確に予知することは今日の科学ではできない。感染症についても、未知のものであれば感染の拡大を予防するためにある程度のことはできても、何が起こるかわからないので、過去の事例を参照しても的確に対処することは難しい。

世界や他者を変えるのは難しいが、変えられないと思ってしまえば、起こったことや他者の言動がどれほど理不尽に見えても肯定してしまうことになる。「諦める」というのは、できることとできないことを「明らかに見る」という意味である。病気や老い、また自然災害であっても、まったく何もできないわけではない。

「私さえ変わればいいのですね」という人がいる。「私が変わる」というのは、相手を変えずに、相手についての、あるいは、相手の言動についての自分の見方を変えるということである。しかし、それだけでいいのか。自分さえ変わればいいという人は、本当は相手を変えることを断念しているわけではない。相手が変わるのであれば、自分を変えるといっているのであって、ただ自分が変わればいいと思っているわけではないのである。

この世界に起こる事象についても、本当にその意味づけを変えるだけでいいのか。今は悪政の下でもなお人は幸福に生きることができるのかを考えなければならない時代である。先にも述べたように、政治家に幸福にしてもらおうなどとは思わないが、不幸にされたくはない。そうは思ってみても、悪政は慎ましく暮らすことすら困難にする。肯定的な意味づけをすることで世界を受け入れるだけでは、今の世の中にある問題を根本的に解決することなど到底できない。

対処法（3）世界を変える

三つ目の対処法は、自分の身に降りかかる、行く手を遮るようなことに対して何もしないのではなく、変えようとすることである。

アドラーは、医師になったのは「死を殺したかったからだ」といっている（Manaster et al. eds., *Alfred Adler: As We Remember Him*）。人は死ななければならないのかと弟子の一人から問われた時、アドラーはそう答えた。

「そんなふうに考えていたら、私は医師にならなかっただろう。私は死と闘いたかったし、死を殺し、死をコントロールしたかった」ともいっている。

今の時代も、アドラーと同じように考えている人は多い。コロナウイルスが世界中に蔓延しているという現実を前にして、ワクチンや治療薬を開発したり、重症患者に対して懸命の治療を試みる。もちろん、誰もが自分でできる限りの予防対策をする。感染して死にたくはないからだ。

しかし、世の中には変えることができないことがある。変えられないものを変えることはできない。医学の発達によって死からある程度逃れることができた。コロナウイルスの感染拡大もいずれは止み、コロナウイルスのために死ぬことはなくなるかもしれない。しかし、アドラーが死を殺したかったが「成功しなかった」といっているように、人が死ななくなることはありえない。

世界を変えることができても、変えていいかを判断するのが難しいこともある。昔は臓器移植という治療法がなかったので死を待つしかなかった人でも、今は臓器移植をすれば助かるようになった。これは医学が世界を変えたということである。しかし、医学的にできるからといって、臓器移植をしていいことには必ずしもならない。

対人関係でいえば、他者を変えようとする人がいる。子どもを叱る親、部下を叱る上司は、叱れば子どもや部下は変わると信じている。

しかし、他者が自分が望むように動かないからといって、力ずくで行動を変えていいわけではない。親や上司からきつく叱られると、怖いので従う人もいるが、心から納得して従うわけではない。

子どもと関わった経験のある人であれば、子どもを自分の意のままにすることはできないことを知っているだろう。小さい時であれば、子どもを力で押さえることはできないわけではないが、大きくなった子どもを力ずくで押さえつけることはできない。納得して大人に従ったわけではない子どもは、やがて大きくなって自分の方が親よりも力があるとわかった時に親に反抗する。

子どもの方も自分の思い通りにならない時に、泣いたり怒ったりして親を変えようとする。子どもが泣くのは先にも見たように自分の欲求を伝えるために必要なことだが、泣くことでは必要な欲求を伝えることができない。子どもが泣けば大人は子どもが何を求めて泣いているかをわかろうとするが、大人になって同じことをしてもしてほしいことを他者に伝えることはできない。他の人にしてほしいことやしてほしくないことがあれば、泣くことや怒ることよりも有用な方法があることを知らなければならない。それは端的にいえば、言葉で伝えることだが、そういう方法があることも知らないように見える人がいるのも事実である。

そのような人は大人になっても世界の中心にいたいのである。子どもの時と同じように泣いたり怒ったりしてまわりの人を動かそうとするが、そのようにしてもまわりは子どもの時のようにわかろうとしてはくれない。

対人関係でもめた時、原因は相手にあり問題を解決するためには相手が変わればいいと思っても、相手を変えることはできないのである。こちらが働きかければ相手が変わったように見えることがある。しかし、それは相手が変わろうと判断したからであって、相手を変えたのではない。

子どもや部下の立場でいえば、感情的になって自分に従うことを強いる人の要求通りになることがあっても、納得して従うのではないので関係は悪くなる。

他の対処法の可能性と問題点

理不尽な出来事が起こった時の対処の仕方は、まとめると、

（1）何もしない
（2）自分を世界に合わせる
（3）世界を変える

ということになる。

しかし、対処法はこの三つに尽きるわけではない。三つの対処法について見た問題点を踏まえて、他にも何か対処法がないか考えてみよう。

〈起こったことに意味づけしない〉

一つは、起こることはただ起こるのであり、それに対しては何の解釈もせず、また、何が起こるかを予想すること、まして、起こることを期待するのを止めることである。

これは、自分を世界に合わせること（２）のヴァリエーションと見ることもできる。（２）の姿勢を取った場合、自分を世界に合わせるために起こったことに意味づけをするのだが、このヴァリエーションでは、起こったことに何の意味づけもしないのである。しかし、起こったことに意味づけしないというのも起こったことについての意味づけではある。

病気や老いについて、健康や若さの状態からの「退化」であると考えるのは一般的だが、それらをただ「変化」と見ることができる。優劣を持ち込まないためである。人はたしかに歳を重ねれば「変化」するけれども、若さが優れていて老いが劣っているとは見ないということである。健康と病気についても同じである。老いや病気を「退化」とは見ないで「変化」であるという意味づけをするのである。

〈「世界を変える」のか、「世界を変えようとしない」のか〉

起こったことを変えようとするかしないかという観点からこれらの対処法を見れば、起こったことを変えようとするのは（3）「世界を変える」であり、変えようとしないのが（1）「何もしない」と（2）「自分を世界に合わせる」である。

このうち（1）は、何が起こっても諦めるということである。ただし、簡単には諦めることができないならば、我が身に降りかかったことを不運と見なして泣くかもしれない。しかし、この泣くことについては、先に見たように、自分では動かないで、まわりの人を動かそうとする目的があるともいえる。人の力になりたいと思っている人は、泣いている人がいれば放っておくことはできないからである。

このように考えると、（1）と（3）は世界を動かすことに分類されるが、（1）は間接的、（3）は直接的に動かそうとすることであると見ることもできる。

先に見たブーバーは、聖書を投げつけることで怒りをあらわにしたが、怒りを表すだけでは泣くことと大差はないので、そのような怒りは（1）に分類できる。

〈「世界を変える」ことの問題点〉

さらに、（3）「世界を変える」ことについて私が問題だと思うのは、世界を変えることは必ずしも自分に合わせることではないという点である。世界を変えることと、世界を自分に合わせることとは切り離さなければならない。世界を変えることは、巡り巡って自分のためになるとしても、自分のために世界を変えようとするのは問題である。

ただし、自分のために世界を変えることは問題だが、自分のことは顧みず、自分を犠牲にすることで世界を変えることにも意味はない。医療従事者は患者を治療するために尽力するが、その際、自己犠牲をするべきではないし、そうすることを医療者に求めてもいけない。

〈「自分を世界に合わせる」ことの問題点〉

（2）「自分を世界に合わせる」というのも、起こることを自分に引きつけた、あるいは、自分にとって都合のよい意味づけをすることのように見える。

対人関係についていえば、起こることをすべて自分に関係づけてしまうと、他者が自分の期待通りに行動しない時に憤慨する人がいる。しかし、他者は自分の期待を満たすために生きているのではない。それなのに、自己中心的な人はこのことを認めることができない。

〈自己中心的な考え方からの脱却〉

このような自己中心的な考え方から脱却できることが、理不尽な出来事が起こった時の対処法を考える時に重要である。この考え方は、先に見た三つ以外に何か対処法がないかを考えた時に最初に見た。起こることはただ起こるのであり、それに対して意味づけをしないということである。自己中心的であることから脱し、起こったことを自分と関連づけないことは、この人生を生きるために積極的な意味づけだといえるだろう。他者は自分の期待を満たすために存在すると考えるような自己中心的な生き方をしてきた人にとっては、起こったことを何もかも自分と関連づけないようになるには意識的なトレーニングが必要である。

他方、起こったことが自分と無関係であると見るのも問題である。このことについては、後で問題にしたい。

〈楽天的に捉えることの問題〉

理不尽な出来事に遭遇した時に楽天的に捉える人もいる。強制収容所では、一九四四年のクリスマスと一九四五年の新年との間に、いまだかつてなかったほど多くの人が亡くなった。クリスマスには家に帰れるだろうという希望に身を任せた多くの人が、クリスマスが過ぎても帰れなかったために失望、落胆したのが、このことの原因だったとフランクルは収容所の医長の見解を紹介している（『夜と霧』）。

これは現実を前にして何もしないという点では（1）「何もしない」に近いが、多くの人は悲観的にならず、楽天的である。しかも、ただ楽天的である（今引いた例でいえば、クリスマスには家に帰れると確信する）だけでなく、実際に、無事家に帰れる世界になるように希望していたという意味で（3）「世界を変える」のヴァリエーションである。

実際には、過酷な現実は人々が家に帰ることを許さず、多くの人が収容所で殺された。楽天的な人は自分が願うことが実現すると固く信じてはいるが、いざそれが実現しなかった時の絶望も大きい。

古代ギリシアのアテナイを襲った感染症については先に見たが、トゥキュディデスが次のようにいっている。

「もっとも恐ろしいのは病気に罹ったと知った時の落胆だ」（『歴史』）

自分が置かれた現実の中で悲観的にならずに希望を持つことは大切なことだが、楽天的な意味づけをして、自分が願った通りのことがそのまま実現すると思っていると、そうでなかった時に落胆することになる。

私の立場――「おかしいのではないか」と主張しなければ変わらない

この世界には到底受け入れることができないことが起こる。しかも、そのようなことが起こったという現実を変えることはできない。病気、老い、死はどれほど受け入れがたいことであっても、誰もが経験しないわけにいかない。

若い人が亡くなるというようなことがどれほど理不尽に思えても、これも自然の営みといえる。自然災害も同じである。もちろん、このようなことが自然の営みであると受け入れられるかといえば、なかなかそういうわけにはいかない。しかし、医療者が懸命に治療をしているのを見れば、たとえ自分や家族が助からないとしても、そのことを時間はかかっても受け入れることはできるだろう。

私が問題にしたいのは、人為的なこと、しかも理不尽な人為がもたらす困難に直面した時にどう対処するかということである。感染症はどれほど感染しないように注意していても、絶対に感染しないということはない。問題はそこからである。高熱を発し受診しようと思っても、検査を拒否され病院が受け入れを拒否し、また、病院が拒否するというよりも患者が多く病床が足りず、そのため治療が遅れて亡くなるというようなことがあれば、家族にとっても諦めきれない。

このようなことがあった時に、自分のことであれ家族のことであれ、起こったことを受け入れることはできないだろう。これも運命だったと思おうとする人はいるだろうが、そのように思って納得することはできないし、納得してはいけないと私は思う。

病気全般についていえば、治療や手術が必ずうまくいくとは限らない。医療過誤のために亡くなったり重篤な障害が残ったりするようなことがあれば、その責任は厳しく問うていかなければならない。

しかし、このようなことが自分や家族に降りかかるのでなければ関心を持たない人は多い。

政治に無関心な人も多い。政治が自分に無関係のはずはない。善政が行われているのであれば、政治に意識が向かないということはあるだろう。しかし、悪政は日々の生活に影響を及ぼさないわけにはいかない。それにもかかわらず、対岸の火事であるかのように、あるいは他人事のように自分を安全圏に置いたまま評論家のように論じる人は多い。

しかし、悪政は放っておけばどんどんひどくなる。喩えてみれば、燃え盛る家には放水しなければならない。火の勢いがあまりに強く、何をしても無駄だと思って絶望してはいけない。ひたすら水をかけるしかない。水をかけても火勢を少ししか弱めることはできないかもしれない。それでも、手を拱いて何もしなければ、火勢はもっとひどくなる。これが今の政治の現状である。

問題はどうすればいいかということである。医療であれ、政治であれ、その他どんなことについてであれ、何か理不尽なことが起こった時に、何もいわなければ認めてしまったのと同じである。「これはおかしいのではないか」と主張しなければ何も変わらない。

第2章

空気はない

なぜ手を拱いているのか

理不尽にしか思えない現実を前にした時、「このままでいい」と思っている人は実は少ないだろう。それにもかかわらず、なぜ声を上げないのか、なぜ行動に移さないのか。

まず、対人関係について考えよう。対人関係以外の悩みはないといっていいくらい対人関係は煩《わずら》わしいものである。とりわけ、不当ないじめを受けたり根も葉もない非難や中傷をされたりすると、そのようなことをする方が間違っているのは明らかなのに、そのために悩み苦しみついには被害を受けた人が命を断つというような痛ましいことが起こる。そこまで最悪の事態に進む前に、なぜまわりの人がそれを止めることができないのか。そもそも、対人関係上の問題はどんなところから起こるのだろうか。

次に、社会全体に目を向けると、今の世の中は目を覆うような不正が横行している。しかし、そのことを知っていても、どうすることもできないという人は多い。

高校の時に習った先生が、「公務員だったので上司に逆らえなかった。上司の指示に従うのが部下の仕事だ」とある日の授業で話したことがあった。

戦争中のことだったので、今の時代よりも上司に逆らうことがもっと困難であったであろうことは想像に難《かた》くない。しかし、上司の指示が誤っている時でもそれに従うのが部下の仕事だといっていいのだろうか、上司の不正な指示に逆らわず従ってしまったら不正が横行するではないかと先生の話を聞いて思った。

この先生は戦前女子師範学校の校長の職にあったが、戦後公職追放され職を解かれた。しかし、部下だけが追放の憂き目に遭い、本当に責任を取るべき元上司たちは何の責任も取らなかったという。温厚な先生だったので、この話をする時も決して声を荒げたわけではなかったが、私は先生が経験した理不尽なことへの怒りを話の中に感じた。授業中のどんな話の流れでこの話になったのかは覚えていないが、先生が公務員として上司に逆らえなかったということよりも、本当に責任を取るべき人がそうしなかったと先生が話した時の怒りを覚えている。

このようなことが戦争中や戦後の混乱期の特別な出来事ではなく、今もあるのが問題だ。上司に従うことが正しいとは思っていなくても、多くの人はいわば生活を人質に取られているので、いいたいことがあってもいえない。上司の不正を告発することもできず、本当のことをいえない。問題は、何ら罪悪感なしに上司に従ってしまう人であり、その上、上司に従うことが自分に有利であると考え、自分が不正を働いているという意識がまったくない人である。

不正に加担した人は「そうせざるをえなかった」といいたいかもしれない。とりわけ、良心の呵責《かしやく》を感じながらも不正を犯した人は「逆らうことができなかった」とか、「その場の空気が異議を唱えることを困難にした」といいたいだろう。本当にそうなのか考えてみなければならない。
罪悪感なしに上司に従ってしまった人のケースがこの問題を解く鍵といえる。

「空気を読む」とはどういうことか？

数年前に政治問題で取り上げられた「忖度《そんたく》」という言葉がある。これは誰か他人の心情を推し測って配慮することで、その誰かとは上司や社長など、力関係で自分より上の人である場合が多い。そしてさらに、誰か特定の人に忖度するだけでなく「空気」を読もうとする人もいる。

そもそも「空気」とは何か。哲学者の串田孫一がこんなことをいっている（『雑木林のモーツァルト』）。授業が終わる少し前に、教師が何か質問がないかとたずねた時に、はいといって手をあげる者は皆から嫌がられた。教師が質問に答えているうちに、質問されなければ早く終わったかもしれないのに、終業のベルが鳴っても解放されないことになりかねないからだ。こんな時、質問する人がいれば、今なら「空気を読めない」と見なされるだろう。

しかし、実際には空気という実体があるわけではない。誰かがもう授業が終わるのだから質問するのはよせというようなことを実際にいうわけではない。それなのに、空気を読める（と思っている）人は、今は質問をしないことが皆から期待されていると判断し、教師にたずねたいことやたずねるべきことがあっても質問するのを思いとどまるわけである。

辺見庸は、この国は「私」が希薄で「私」のない空気ばかりが蔓延しているという（『愛と痛み』）。協調主義的で、意味のないハーモニー、理由のない階調が日常を形作る。全体的なムードを敏感に察知できない人を「空気が読めない」という言葉で揶揄《やゆ》するが、これは予《あらかじ》めしつらえられたファシズムであり、それを辺見は「鵺《ぬえ》」と呼ぶ。

このように空気は、多くの場合、何かを「する」というよりは、「しない」方向に作用するので、空気に抗うことは容易ではない。

対話の構成要素と「場」「間」の実体性

なぜ空気に抵抗することが容易ではないのか。実際に誰かがそういうことをしてはいけないというわけではないのに空気を感じるのである。それは個人を超えた全体の意志とでもいうべきものであり、ただ感じるばかりか実在し、その全体の意志が個人を規制するように思える。なぜそう思えるのか。

対話について考えることで明らかにしたい。

対話は次の二つから構成される。

（1）私（語る主体）

（2）あなた（語りかけられる者、「私」ではない他の主体）

「私」だけなら対話は成立しない。対話が成立するためには、語る「私」（1）と語りかけられる「あなた」（2）が必須である。対話においてはこの役割は交代する。

二人がどちらも黙っていれば対話は成立しない。私とあなたが「何か」を語らなければならない。そこで対話の構成要素として、

（3）それ（語られること）

を追加しなければならない。

問題はここからだ。以上の三つの他に、さらに四つ目の構成要素が加えられることがある。それが、

（4）場

である。

中岡成文は次のようにいう。

「対話の生命は、有機的な脈絡における出来事（生起）性であるから、この性格およびそれを可能にする磁場のようなものを考慮に入れずして、対話の哲学的解明――しかも『実

践』を指向した――は期待できない」(「対話と実践」『新・岩波講座 哲学 10』)

二人が面と向かって話し始める時、さて、何を話そうか、こんな話をしてもいいだろうかというようなことばかり考え、言葉を選んでいるうちは二人のやり取りはぎこちないものになる。

しかし、そのように意識して話題を選ぼうなどと思わなくても、二人のやり取りの中から自然と次から次へと話題が「生起」してくると、対話が成立する。どんな話も巧《たく》まずとも、この話からあの話への転換は密接に行われる。

しかし、このようなことが可能になるためには、「磁場」のようなもの、「場」を想定しなければならないのだろうか。反対に、そのようなものがなければ、対話は成立しないのだろうか。

木村敏ならこの場を「あいだ」(Zwischen)というだろうが、この「場」、木村のいう「あいだ」の扱いは注意を要する。

木村自身は「あいだ」の実体性を否定し、リアリティとしての実体化ではないと断っているけれども(『心の病理を考える』)、会話における「あいだ」について、それは「ある意味では『実体的』な意志の力のようなもの」であり(前掲書)、「場」については、「集団全体が一つの〈場〉を形作って、この場そのものが主体的に行動しているとしかいいようがない」とまでいっている（『関係としての自己』）。

しかし、主体的に行動するのは個人であって、場が主体的に行動することはありえない。場が主体的に行動している時があるとすれば、個人はその時、場に動かされているのであって、主体的に行動していることにはならない。合奏音楽で考えれば、楽器を演奏しているのは個人である。個人の意志とは別の「場」が個人に演奏させるわけではない。

「個人の主体性」と「集団の主体性」

場の主体的行動というのは次のようなことである。

木村は、個人よりももっぱら種に主体性を認め、それが個の主体性より優れているという。例えば、渡り鳥のように群れを成して行動している生物について、群れ全体に各個体よりも優位な主体性を見ようとする。群れの全体を一個の主体と見ようというのである。

このように集団の主体性ということをいえるのなら、集団は個体とは別のレベルで一個の生命体として生きているといってもいい。そう木村はいう。木村はこの考察を人間についても適用している（『生命のかたち／かたちの生命』）。

個体の主体性はしたがって集団の主体性より劣っており、個人は集団の主体性に支配されるわけだが、支配されるような主体性は主体性とはいえない。

「〔個人が〕意識的には個人としての『個の主体性』を十二分に発揮して生きているつもりでも、所詮は彼の無意識の奥深くに潜んだ『種の主体性』によって『生きられて』いるだけだということになるのかもしれない」（木村敏『関係としての自己』）

こう考えると、私は自由意志で生きているのではないことになる。全体の意志によって生かされているというよりは、生きさせられているというべきだ。自分で選んでいるのではなく、何かに選ばされている。はたして、本当にそうなのか考えてみなければならない。

このような集団的主体性や種の主体性について語る時、木村は西田幾多郎や今西錦司の影響を受けている。このうち今西は、自然淘汰を否定し、進化の単位をダーウィンのように個体ではなく種であると見なしている。

そして、「種個体の全体が、変わるべきときがきたら、みな一斉に変わる」と考える（今西錦司『自然学の提唱』）。個体が変わるというのはわかる。しかし、種個体の全体が一斉に変わるというのはわからない。

いつまでも寒い日が続き、今年は春はこないのではないかと思っていても、花は咲き季節は変わるべき時がきたら変わるように見える。しかし、人間の世界で起こることはいつの間にか変わるということは本来的にありえない。いつの間にか決まったといいたい人はいる。自分は決定に与《あずか》っていなかった。でも、いつの間にか決まったと。

今西は次のようにいう。

「個体が種の中に含まれているといえるとともに、どの個体の中にも同じように種が含まれている。〔…〕個体はすなわち種であり、種はすなわち個体である」（『生物の世界』）

これは東洋古来の「即」の原理、西田のいう絶対矛盾的自己同一の論理であると木村はいう（木村、前掲書）。木村自身はこのような考えを個と全体は「即」では結べないとして、普通の全体主義とは区別しているが（木村敏、檜垣立哉『生命と現実』）、誤解される危険をはらんでいることは否定できないだろう。変わる主体が個ではなく種であれば、個は種の決定に従うしかない。「変わるべき時」であることを種はどのように知るのかもわからない。

冬の間、日本にいた鳥がある日を境に一斉に飛び立っていくというようなことを考えても、個々の鳥が決めるのではなく、種が今こそ渡りの時がきたと判断して飛び立っていくように見える。

話を戻すならば、集団の主体性、あるいは、場の力というようなものがあるのかどうか。あるいは、ここでいわれているほど強いものなのだろうか。

「間」「場」を実体化してはいけない

対話を取り巻く条件としてあげた「(4) 場」は対話を成立させる条件であり、それが対話をよりよきものにするはずなのだが、場、空気、間といったものが実体化され対話に影響を与える力があると見なしてしまうと、そのことが対話の成立を困難にさせる。「場」「間」「空気」が実体として存在するかは疑問だが、実体と見なす人もいる。

例えば、木村敏は、人と人との「あいだ」、あるいは間主観性を考え、この「あいだ」は「何一つコミュニケイションをもたなくても」(『心の病理を考える』)感じ取られている、またこの感覚は直接的で、本能的、非論理的で非合理であるという。

対話においては、語られていることの意味内容だけでなく、言葉が発せられる時の声の調子、アクセント、抑揚などが重要な要素であるのは本当である。メールなどの文字だけのコミュニケーションでは、書かれている文字以外からは相手を理解できないので、しばしば感情的な摩擦が生じる。また、外国語の初学者が電話で話すことをためらうことがある。対面のコミュニケーションでは、言葉だけではなく身振り手振りを交えることで自分の足りない知識を補えるのに、それができないと思うからである。しかし、木村がいっているのはそういう意味ではないようだ。

「コミュニケイションをもたなくても」直接感じ取られていると木村がいう時の「感覚」

とは、「共通感覚」である。これは英語ではcommon senseだが、「常識」という意味ではない。視覚・聴覚・触覚などの各個別感覚に共通の感覚という意味である（木村『関係としての自己』）。「またそれは、対人関係の場で場の雰囲気を感じとって場違いな行動を防止するための感覚（常識）と同じものでもある」（前掲書）。

このような、対話の場面で感じ取られなければならず、対話を支配する「場」「間」「空気」の重要性を強調することは、対話を促すどころか、対話を、さらには言論そのものを困難にするように見える。

終業寸前で教師に質問する事例で見たように、早く授業を終わらせよという空気は生徒に質問を思いとどまらせる方へと働きかけ、自分の発言が他者の心証を害したり、その場の空気を悪くするのではないかと感じ取ったりする人は、自由闊達《じゆうかったつ》に話すことをためらうだろう。場違いな行動をしないための一番安全な方法は、黙っていることになってしまう。

意味の外部における他者との接触

外国語の勉強をしたことがある人は経験があるだろうが、外国語は最初は意味のない、ただの音としてしか聞こえないのに、やがてところどころ聞き取れるようになる。そうなると、もはや「音」ではなくなる。

幼い子どもも同じような経験をしているのだろう。ただの音としてしか聞こえていなかった親やまわりの人が発する言葉に意味があることが次第にわかるようになる。いきなりすべてがわかるわけではなく、しばらくするとところどころ単語が聞き取れるようになる。さらに、単語だけではなく、もう少し長いフレーズが聞き取れるようになる。

話す人の身振り、手振り、表情は言葉の意味を理解する手がかりになる。言葉を発する時の抑揚、調子も言葉を理解する手がかりになる。優しい調子で語りかけられることもあれば、きつい調子で叱られることもある。子どもは大人の発する言葉の意味は理解できなくても、自分の行為が制止されているのはわかる。大人が発する言葉を意味がわからなくても聞いたままに真似て繰り返す。また、その場では聞くだけに止めて、別の機会にその時覚えた言葉を使ってみると大人がそれを理解して応答したという経験をすると、この言葉を適切な仕方で使えたことがわかり、さらに別の機会に使う。

このように時間をかけて身につけられる母語の場合は問題にならないが、外国語でコミュニケーションを取る時には、音を聞くだけではすぐに理解できない。母語の場合のように、聞く時間が長くないからではなく、一度、母語に置き換えて理解するからである。

これは外国語を学び始めた最初の頃のことであり、トレーニングを重ねると、相手の言葉を理解しようと集中しなくても、意味がわかるようになり、話す時にもあらかじめ言葉を組み立てるという意識的な努力をしなくても、口をついて言葉が出てくるようになる。

しかし、意味を理解する時にタイムラグが発生するのは母語で話す時にも起きる。何を話そうかと考えているうちに話の流れについていけなくなる。言葉の意味にだけ意識が向いてしまうと適当な間が取れなくなる。

話が滑らかに進行している時には、相手が次に何をいおうとしているかを無意識に先取りして聞いている（鷲田清一『「聴く」ことの力』）。この先取りを可能にするのが、語られていること、意味以外の声、身振り、手振りである。

これらが届かない、見えない状況での対話は難しい。話が途切れ沈黙が訪れても相手と対面していれば、その間も発言がないだけで対話そのものが途切れるわけではない。しかし、これが電話のように姿が見えないと、沈黙は対話の中断のように感じられる。電話が難しいのは外国語で話す時だけではない。母語で話す時でも緊張してしまう。

また、何を話そうかと一々考えているようでは間が空いてしまう（鷲田、前掲書）。対話が円滑《えんかつ》に進む時には、言葉が自然に口をついて出てくるといっていいほど、流れに乗ればことさら意識しないでも話すことができる。

自然発生的ではない間

間がうまく取れないとか、タイミングが狂うのは、このように意味内容だけから相手の話を理解しようとするからということになるが、本当にそうなのだろうか。

話の内容とは別に、場や間、空気に配慮できない人は上手に話せないのか。それらは対話を成立させるための三つ目の要素として実在するのだろうか。

後にアメリカでアドラーの仕事を引き継いだドライカースが、ある時、自分が診察している患者についてアドラーに意見を求めた。ドライカースは、その患者にうつ病と診断を下したのだが、自分の診断について確証を得たかったのである。その時のことをドライカースは次のように報告している（Manaster et al. eds., *Alfred Adler: As We Remember Him*）。

アドラーが診察するべくこの患者に近づいた時、まわりには研修医、看護師、精神科医が立っていた。アドラーはまず名前をたずねた後、今どんな感じがするか、この場所が気に入っているか、何かしてほしいことがあるかなどについてたずね始めた。患者はうつ病患者に特有のゆっくりした仕方で話し始めた。

「すると、驚くべきことが起こった。アドラーは最初の質問をした後、患者がゆっくりとその質問に答え終わるのを待たなかったのだ。次の質問をした。すると、またもや答えを待たずに次の質問をした。

実のところ、私は私の師についていささか困惑し始めた。先生はうつの人は速く話せないということを知らないのだろうか。しかし、アドラーはあまり待つことなく、冷静に質問を続けた。何ということだろう。患者は突然何かを話したいと思い、速く語り始めたではないか。その時からアドラーは、患者と非常にノーマルな会話をした。アドラーはうつの人はゆっくりでなければならないという判断を受け入れなかったのである」

これは「間」についての興味深い事例である。英語では in a slow way とか fast, quickly という言葉が使われているのだが、早口だったとかゆっくり話したということではなく、この患者がアドラーと話す時の会話の間の取り方がノーマルではなかったということである。質問がなされ、それに対して答えが返ってくる「間」が長すぎるか、短すぎるということである。

アドラーが診察した患者は、病気が原因で質問にすぐに、あるいは、適当な間をあけて答えることができなかったのではなく、自分でそのような答え方をしようと決めていたのである。

この患者とは対照的に、アドラーが絶え間なく話す女性の事例をあげている（『生きる意味を求めて』）。この女性は異常なまでにおしゃべりで、相手にほとんど口を挟ませなかった。このような話し方をすることには「わけ」がある。アドラーは、この「わけ」として

「原因」ではなく「目的」を考える。この目的は多くの場合、無意識である。「なぜそんなことをしたのか」と問われても、「そんなことは考えたこともない」という答えが返ってくるだろう。何かの原因があっておしゃべりなのではなく、相手に口を挟ませないために早口で話すのである。そして、口を挟ませてはいけない理由があるわけである。

アドラーは、バルザックの小説から次の話を引いている（『子どもの教育』）。二人の商人が取引で互いを出し抜こうとする。一人が取引の最中にどもり始める。もう一人は相手が値段を提示する前にどもることで考える時間を稼げることに気づいて驚く。そこで、対抗するために、突然何も聞こえなくなった。すると今度は、相手が聞こえるように大きな声を出さないわけにはいかなくなった。こうして、二人の間に対等な関係が確立されたわけである。

アドラーが、患者の質問への答えを待たずに次の質問を始めたのも、患者がすぐに答えないことで、会話の主導権を取ろうとしていることに気づいたからである。主導権を取るためにこの患者はゆっくりと話したのだが、患者はそのことを意識していたわけではない。

間はいつでも人為的

行動の目的を見れば、起こっていることについて正しく理解できる。間は決して自然発生的なものではなく、人為的なものなのである。また、この患者の事例からわかるように、適切な間が取れないのは病気のなせる業《わざ》なのでもない。患者がゆっくりとしか話さないことはうつ病の症状ではなく、ゆっくり話すことで、対話の主導権を握ろうとしていたことをアドラーは見て取ったのである。

対話の主導権を取ろうとするのは、ただ医師との関係の中だけではない。患者の対人関係全般で見られるはずである。仕事が対人関係上の問題を引き起こしているのであれば、患者に対する関係の築き方を治療やカウンセリングでは問題にしなければならない。症状を除去することは、治療やカウンセリングの目標にはならない。患者がゆっくりとしか話さないのは、主導権を取るために必要だからである。対人関係などでそんなことをする必要がないことを納得しない限り、たとえゆっくりではなく普通に話せるようになったとしても、アドラーの言葉を使うならば、別のより厄介な症状を何のためらいもなく作り出すだろう。

反対に、適切な間を取れることがいいというわけでもない。適切な間が取れるというようなことは対話の主眼ではない。間が取れるとか取れないというような「意味の外部」にあるものに焦点を当てるべきではない。

木村は、対話の際には二重意志がある、つまり、全体の意志と個人の意志があって、それらが渾然一体《こんぜんいったい》になっていて、どんな調子で話すか、何を話すか、その内容は勝手には決められないという（『心の病理を考える』）。しかし、勝手に決められないというのは本当なのか。勝手には決められないと思いたい人はいるだろうが。間は自然発生的でコントロールができないものではなく、人為的に形成されるものである。

空気を読んでも対話を封じなかったソクラテス

ソクラテスは空気を読めない人ではなかった。

ソクラテスは、国家の信じる神を信じず、若者に害悪を与えたという理由で告訴され、裁判の結果、死刑になった。死刑が執行される日の朝早くから、友人たちは獄中のソクラテスのもとを訪れた。

ソクラテスは処刑を前に魂の不死について親しい人たちと議論をした。ソクラテスが話を終えた時、長い沈黙がその場を支配した。なおもソクラテスの話に納得できない人がいたのだ。

「これまでいわれたことで、何か困難を感じることがあれば遠慮しないでほしい。何とかよりよく話せるように思えるのなら、君たち自身で発言し、意見を論じてくれ。それとも、もしも私が加わればうまくいくと思うのであれば、私も道連れにするがいい」（プラトン

『パイドン』）

これに対して、こんな不幸の中で困難を感じることを持ち出すのは不愉快なことではないか、迷惑をかけることになるかもしれないとためらうシミアスをソクラテスは励《はげ》ましたので、疑問を率直に表明した。

「二人がこのように語るのを聴き終えた時、私たちの気持ちは一様にすっかり暗く沈み込んでしまった」

この時の話を伝えるパイドンは、次のようにいっている。ソクラテスが答えに窮しなかったのはいうまでもないが、「私が特にあの方に感嘆したのは、まず若い人たちの議論を楽しそうに優しく満足気な態度で受け取ったこと、それから、彼らの議論を聞いて、私たちがどんな気持ちになっていたかをすぐに鋭く見て取り、さらにそういう私たちを巧みに癒したそのやり方だった」（プラトン、前掲書）。

普通、魂は不死ではないのではないかという話をほどなく死刑に処されることになっている人にはしないだろう。たとえソクラテスの議論が間違っていると思ったとしても、言葉に出さないいだろう。もしもソクラテスに議論を挑むような人がいれば、空気が読めないといわれるだろうが、むしろ「私たちがどんな気持ちになっていたかをすぐに鋭く見て取」ったソクラテスこそ、誰よりもその場の空気を読めたといっていいだろう。

重要なことは、このように空気を読めることが、その後の対話を封じていないということである。若い人たちの気持ちを汲み取った上で、ソクラテスは納得できないことをたずねるようにと促した。

人為的な空気

厳密にいえば、ソクラテスはその場の空気を感じたが、抗えないものとして実在する空気を読んだのではない。ソクラテスはその場にいる人たちが魂の不死について話題にすることを難しいと感じていることを知ったが、彼らがどう感じているかに注意を向け、彼らの気持ちに共感したけれども、それでもなお議論をする方へと若い人を促したのである。

しかし、多くの人はソクラテスとは違って、言動を控えるようにという空気を感じる。その場の空気に圧倒されてしまうと、おかしいと思っても反論できなくなる。冷静であれば当然おかしいと判断できることなのに、その場の空気に呑まれて反論できずに同意してしまったという。

説得された人は空気を説得されたことの理由に持ち出す。その場の空気に呑まれたというのは本当ではない。いうべきなのにいえなかったことをその場の空気のせいにしているだけである。だから、空気に呑まれた人が同意すべきでないことに同意したことの責任がある。

自分の有利になるように説得しようとする人、発言を封じ込めたい人もこの空気を利用するのである。コロナ禍では「自粛要請」という名の強制に従わない人や業者への圧力として空気が使われる。政治家は医学的に有効な手立てを講じることなく、また、休業補償をしないでただ自粛を呼びかけるだけで何もしない。その代わりに、政府の要請に従わない人を放っておけない人を利用する。なぜ店を閉めないのかという電話をかける人がいる。そのような電話をする人がいるということをマスコミが報じる。記事を読んだ人、テレビで報道を見た人が行動を監視する。あるいは、そのような人が現実に目の前にいなくても、行動を自粛すべきだという空気を感じるとしても不思議ではない。問題は、この空気が自然発生的ではないということだ。休業要請に従わない店の名前を公表すると政府がいう。その店をＳＮＳで叩くことを奨励するということである。政府公認のいじめである。

空気への抵抗

ここまで、空気や抵抗しがたい場の力を感じることがあるけれども、実はそれらは人為的なものであり、それを説得や人をある方向に誘導するために使うこと、あるいは、反論できず説得されたことの理由として持ち出す人がいることを見てきた。

先に見た授業中の教師への質問を振り返るならば、質問することが自分のみならず皆にとって有益であるならば、終業直前であるかには関係なく質問するべきである。

教師をしていた経験からいえば、授業が終わってから質問にこられるのはありがたくない。授業内容について疑問を感じたのは質問をしにきた生徒だけではないかもしれない。そうであれば、質問を他の生徒とも共有してもらえることは教師にとっても生徒にとっても有益である。授業が終わってから質問にくるのは皆の前で質問するのが恥ずかしいからだろうが、どんな質問も必ず皆に有益であることを教師はいっておかなければならない。

教師は当然質問を打ち切ることがあってはいけない。もしも質問したいのに、教師が「今日は質問してはいけない」というようなことをいったとしても、生徒は黙って従ってはいけない。

質問をしてはいけないという無言の、しかし、強力な同級生からの圧力があってもそれに屈する必要はない。一刻も早く授業を終えたいと願っているに違いない同級生にどう思われるかを気にしないで、授業の最中であろうと、終業のベルが鳴る直前であろうと、授業の理解のために必要な質問はしなければならない。

質問を封じ込めようとする生徒たちは何のために授業を受けているのかわからなくなってしまっているのである。学ぶ気があるのであれば、同級生は早く授業を終えて解放されたいと願っているだろう、こんな質問をして授業を長引かせたら皆から嫌われるに違いないなどと考える必要はない。空気を読む必要はないのである。

政治家の記者会見の時、記者が質問をしようと挙手していても、この後の日程があるからというような理由を持ち出して質問を打ち切ることがある。日程があるというようなことをいわないこともある。理由をいわなくても、これ以上質問してはいけないと空気を読めといわんばかりである。こんな時、記者は質問が打ち切られることに納得してはいけない。まだ質問があると、中途で会見を打ち切ることに抗議するべきである。会見を終えようとしているのだから、あえて質問をしてはいけないという空気を記者たちが読んでいるとしたら笑止である。

必要なことであれば、抵抗する人がいても屈してはいけない。本当にするべきことをする、いうべきことをいうために、空気に抗う勇気を持たなければならない。

「私」がありすぎることで蔓延する「空気」

ところで、この国に空気が蔓延しているのは、先に見たように「私」がないからなのか。つまり、同調意識が強いのでいうべきこと、いいたいことがあってもまわりの人に気を遣い黙ってしまうということである。「私」は隠れ、全体の意志が跋扈《ばっこ》する。

しかし、空気に抗う勇気を持てない人はむしろ人からどう思われるかということばかり考えてしまうのであり、そのことは言い換えれば「私」がないのではなく、むしろ「私」がありすぎるのだといえる。本当に「私」がないのなら、他の人からどう思われようと気にするはずはないのだ。

そのような人はいわなければならないと思っているけれども、空気の抵抗が大きいのでいうべきことがいえないのではなく、人からよく思われたいので、いうべきこと、いいたいことをいわない、するべきことをしないのである。

その際必要な大義名分は、空気を読み、和を乱さないことが大切だと考えることである。黙っていることこそ自分にとってメリットがあると判断し、そうすることを選んでいるのである。

あえて空気に抗う行動を取ったソクラテス

他方、裁判に臨んだソクラテスのように、あえてその場の空気に抗う行動を取ることもある。

ソクラテスは真実を語ることだけを考え、説得するために美辞麗句で飾られたような言葉を使わなかった。ソクラテスは青年を害し、国家が信じる神を信じないという廉《かど》で告発されたが、裁判所での弁明演説において、彼を告発した人の演説を聞いたソクラテスは、「私自身さえ、彼らの話によってもう少しで自分を忘れるところだった。それほど彼らの話には説得力があったのだ」といっている（プラトン『ソクラテスの弁明』）。

説得しようとする人は、理性ではなく情に訴えようとする。そのためには、聴衆の顔色を窺い、その場の空気を読まなければならない。

ソクラテスが弁明演説を終えた後、有罪か無罪かが陪審員の投票で決められた。有罪という判決が下されたので、次は、どんな刑罰を科すかが決められることになった。その際、ソクラテスは刑が軽くなるように、陪審員の感情に訴えて説得することができたはずである。

ソクラテスには三人の子どもがいた。一人は既に青年だったが、二人はまだ幼かった。ソクラテスがもしもこの子どもたちのどちらかでも裁判の場に登壇させていたら死刑を免《まぬか》れたかもしれない。私が死ねばこの子たちが路頭に迷うというようなことを涙交じりで訴えればよかったのだ。

それなのに、ソクラテスはそのようなことをしなかった。自分が正しいことを主張し、裁判官の神経を逆撫でするとしか思えないことばかりを語ったのである。そのため、有罪か無罪かという投票がされた時には僅差だったのに、量刑の票決時には罰金よりも死刑に票を投じた人はかなり多かった。

人は自分の得になることをする

人は自分にとって得にならないことはしない。しかし実際には、結果的には自分にとって得にならないことをすることがある。

ソクラテスのパラドクスとして知られている「誰一人として悪を欲する人はいない」という命題がある。この言葉を聞くと、たちまち反論したくなる人がいるだろう。悪を欲する人だっているはずではないか、現に不正を行う人がいるではないか、と。

例えば、正義についていえば、正義を行っている人は、それを心ならずも行っているのであり、本心からの正義の人ではないかもしれない。

つまり、もしも誰にも知られることがなく不正を行う機会が与えられれば、不正を犯すかもしれない。そう考えるのだ。

心ならずも不正を行っているという人もいるだろう。上司に嘘をいうことを強《し》いられているだけで、本当はそんなことはしたくないのだ、と。官僚が政治家の言いなりになって、誰がどう見ても明らかな嘘を庇うことを余儀なくされる。現代の問題は不正であることが明々白々であるにもかかわらず、それでも嘘をつくなどの不正を犯す人がいるということである。

このようなことを考えると、「誰一人として悪を欲する人はいない」という命題はパラドクス、逆説であるように見える。

しかし、ギリシア語ではこの命題で使われている「善」と「悪」には道徳的な意味はない。善は「得になる」「ためになる」、悪は「得にならない」「ためにならない」という意味である。

「誰一人として悪を欲する人はいない」のであれば、「誰もが善を欲している」ということだが、「善」「悪」それぞれに「ためになる」「ためにならない」という意味を当てはめて「誰一人として悪を欲する人はいない」「誰もが善を欲している」という命題を読み直すと、それは「誰も自分のためにならないことは望まない」「自分の得（ため）になることを欲している」という意味になる。

そのように読めば、「誰一人として悪を欲する人はいない」という命題は当たり前の事実をいっているだけであり、パラドクスではなくなる。

そうすると、不正を行う人は悪を欲しているのではなく、「不正は善である」、つまり、不正を行うことが自分のためになると考えているということになる。

ソクラテスは正義こそ善であると考えた。だから、人の情に訴えて命さえ助かればいいとは考えなかった。そんなことをしてまで助かろうとはしなかったのである。

人は誰でも「善」であること、つまり、自分の得になることしかしない。ある行為を選択する時でも、それが「自分の得になるか、ならないか」で決める。空気を読む人、空気に抗えなかったという人は、そうすることが自分に得になると判断したのであり、空気のせいにすれば、責任を免れることができると考えるのである。皆に従っておけば、対人関係の軋轢《あつれき》や摩擦を避けられると考える人もいるだろう。問題は、そのようにすることが本当に「善」なのかということである。

第3章

圧力に屈するな

「道徳」という名の威圧

空気を読んでしまうといいたいことがいえず、するべきことができなくなるということを見てきた。空気を読めば、摩擦は生じないだろう。しかし、それと引き換えに行動の自由が制限されたり失われたりする。

自由を阻《はば》むのは「空気」だけではない。先に見たように、空気は実体として存在するわけではないが、それを感じ取っても無視することはできる。しかし、より強力に行動に影響を与え、それを制限する圧力がある。

「道徳」が行動の自由を阻み、時に理不尽な圧力をかけることがある。

科学技術の進歩は目覚ましい。今はできないことでも、科学技術は必ずこれを可能にするだろう。しかし、技術的に可能だからといって何をしてもいいわけではない。

臓器移植の問題を例にするならば、臓器を移植された人は生命が助かるけれども、移植できるからといって移植していいかは別問題である。機械の部品を交換するのとは違うからである。

私が冠動脈バイパス手術を受けた時には、バイパスのために使う血管は自分の血管であり、他の人から受ける必要はなかったので、医師の説明を聞いて手術を受けるかどうかは私が決めればよかった。手術のリスクも自分が負えばよかった。

しかし、臓器移植の場合は、手術のリスクは自分だけではなく、提供者にもある。その上、移植をめぐって対人関係に影響を及ぼす。医療技術が進歩すれば、臓器移植をする必要がなくなる時代がやってくるかもしれないが、それまでは移植をめぐって対人関係の問題が起きることは不可避である。親子間での移植がとりわけ問題になる。移植を拒めば何らかの摩擦が起きないわけにいかないのである。

「親だから臓器提供は当然」という圧力

法医学者の上野正彦は、腎臓移植をめぐって母親と父親の愛情は違うといっている（『死体は切なく語る』）。上野は、自分の子どもが腎不全になり、移植しか治療の方法がなくなったとしたら、親からの提供が一番いいのだが、父親はすぐには移植する決心がつかない、しかし、母親であれば、子どもに腎臓を提供してもいいというだろう、母親は身をもってわが子のために何でもしてしまう存在であり、「分身だから」という。そして、この後に、河野太郎氏が父親の河野洋平氏に肝臓を提供した話を取り上げ、「あまりマスコミは大きく取り上げないが、もっと大きく取り上げるべき美談だと思う」といっている。

慢性腎不全で週三回血液透析を受けている十八歳の女性がいた。医師から腎移植の提案がされた。移植しても腎臓の定着率は百パーセントではない。場合によっては、移植してもすぐに摘出しなければならないこともありうるという説明を医師から受けた。

検査の結果、母親が腎臓を提供できることがわかった。腎移植の手術の準備が進む中、この母親は元気をなくした。そのことに気づいた看護師が話を聞いた。

「娘のために腎臓を提供できるのは私しかいないのは、よくわかっています。でも、夫の母親が、『母親ならそれくらいのことをしても当然よね』というのを聞いた時、何かしっくりこないのです。このままだと割り切れない気持ちを残したまま、手術を受けることになるかと思うと、不安でしかたないのです」

医師の星野一正は、臓器移植に反対する人について、次のようにいっている。提供するのが嫌な人は提供しなければいい。他人の臓器をもらいたくない人はもらわなければいいのではないかと。

「臓器移植を受ければ生き続けられる人や、社会復帰できる可能性のある人に『私は臓器移植は反対だから、あなたも受けてはならない』と言うことは、意識してはいないにしても『たとえあなたが死んでも、私は臓器移植には反対』と言っているようなものであろう」（『医療の倫理』）

この星野の議論は、患者サイドの発言として読めないこともない。第三者的な視点で臓器移植の問題を見るのと、患者自身、あるいは患者の家族から臓器移植の問題を見るのでは切実さが違う。

しかし、そういうふうに見ることはできても、臓器移植についてどう考えるかということとは関係なく、移植に賛成できない人に圧力を与える議論であることが問題である。

親が子どもに、子どもが親に臓器を移植することを私は「美談」にしてはいけないと思う。なぜなら、同じような立場に置かれた人に、なぜ親なのに臓器提供をしないのかという圧力がかけられかねないからである。

母親は我が身を犠牲にして我が子のために何でもするというのも思い込みでしかない。母性愛のようなものが本能的にあると考える人はいるが、母親だからといって無条件に子どもに臓器移植したいと思うわけではない。

十八歳の女性の腎臓移植のケースでは、母親は移植相手が娘とはいえ手術に同意することにためらいを感じた。

母親は子どもの「分身」ではない。母親だから当然子どもに腎移植をしなければならないわけではない。臓器移植に道徳を持ち込んではいけない。親でも子どもに臓器を提供しないことはありうる。移植に限らず、親子関係についても同じである。親だからといって子どもを愛せるとは限らない。

道徳の名の下に語られることが必ず正しいわけではない。いな、道徳の名を借りて、親が子どものために移植手術を受けることは正しいことだと語られることに何らの疑問も持たない人がいるかもしれない。手術をためらう親を批判する人は当事者ではない。移植を迫る家族ですら当事者ではない。

まずは誰よりも臓器を提供できる人が、まわりからのどんな圧力があろうと摘出手術を受けるかを決めることができる。他の人が手術を受けるように勧めることも、手術を受けてはいけないと止めることもできない。

政治的・戦略的な道徳の押しつけ

母親とはかくあるべし、父親とはかくあるべしというようなことは道徳に名を借りた圧力になりうる。理想の押しつけ、したがって、行動を規制するために語られているのではないか立ち止まって考えたい。

ここでいう道徳はそれが正しいかどうかが吟味されず、聞こえはよく、反論しにくい常識的な考えに過ぎない。それを利用する人がいるのが今の社会の問題である。

災害時には、いわれなくても自分の身は自分で守り、困った人がいれば互いに助け合う。ところが、政治家が自助とか共助、さらに絆が大切だというのは間違いである。政治家がそのようにいうのは、何があっても国は何もしないと責任を押しつけたいからである。

親の介護は家族がするべきだ、子育ても親がするべきだという政治家も同じである。子どもを保育園に預けて仕事ができる社会にするのが政治家の仕事なのに、親が、ことに母親が子どもを育てるべきだというような理想の家族像を国民に押しつけようとする。

家族が国家のために必要であるというようなことはあからさまにいえないので、それを隠すために偽りの道徳が説かれる。それを無批判に受け入れる人がいる。ちょうど戦争を遂行するために、偽りの正義が説かれるように。

パターナリズムに陥るな

「パターナリズム」（paternalism）という言葉がある。pater は「父親」を意味するラテン語で、父親が我が子のためを思って子どもに助言したり、干渉したりするというところから「父権主義」「保護的温情主義」あるいは「後見的干渉主義」などと訳される。あるもの、例えば、個人、団体、国家などが、他者のためになるという理由で、その他者に対してなす干渉行為やそのような思想的立場、ないし考え方を「パターナリズム」という。

本来、パターナリズムは、医療を例にすれば、医師が患者のために行うという面があるが、患者側の意志とは対立する場合に、患者の自己決定の自由を侵害できるのか、少なくともその自由に制限を加えてもいいのかどうかということがパターナリズム（由らしむべし、知らしむべからず）との関連で問題にされるようになった。パターナリズムと対比して使われるのがインフォームド・コンセント（医師による十分な説明と、それに対する患者の同意）である。

ところが、病気になり医師から自分の病気について説明を受けるという時、多くの場合、患者は医師が語る言葉を十分理解することは難しい。事前に準備ができるのであれば、ある程度は病気について調べることもできるが、自分の病気であれ家族の病気であれ、病気は突然降りかかってくるので、何の準備もすることもなく医師から病気についての説明を受けることになる。

そのような場合、患者が初めから医師の話を理解しないで医師に任せてしまうことがある。医師の説明は簡単には理解できないと最初から諦めてしまうのである。今日、医学の知識が普及してきており、インターネットで情報を検索することが容易になってきたので、医師を絶対的な権威と見なす傾向は減じたかもしれないが、それでもなお医師の診察に口を挟まず、医師の言葉をすべて受け入れる人がいる。

問題は、医療過誤があることである。人が病気になる、そしてその結果死ぬことになっても、病気も死もそれ自体は自然の過程である。それゆえ、家族を病気で亡くした時にはすぐにはその死を受け入れることができなくても、やがて受け入れることができる。

しかし、医療過誤は決して自然ではない。医師の懸命の治療にもかかわらず亡くなったというのであれば、いつかは家族は諦められるかもしれない。だが、医療過誤があった時にはそういうわけにはいかない。医師に何もかも任せたのだから、たとえ医療過誤があっても、起こったことを受け入れなければならないというふうに考えることはできない。

医療過誤があった時には、医師に気を遣う必要はない。昔は手術を受ける前に執刀医にお金を包まないといけないのかと家族が悩むということがあった。当時でも、真っ当な医師は受け取るはずはなかっただろうが、医師が治療に力を尽くさなかったはずはない。患者がお礼のお金を渡さなかったからといって手抜きした手術をして、それが成功しなかったら医師としての評判を落とすのは必至である。

医師の判断だからと医師の治療方針を黙って受け入れるというようなことが今もあるのであれば、変えていかなければならない。

医療過誤は人為的なものである。医師に何もかも任せずに病気や治療法について調べていたら、医療過誤は防げたかもしれないのである。

問題は患者にとっても家族にとっても医師の説明を理解することが難しいことである。しかし、医師の説明はたしかに難しいが、医療過誤があって裁判になった時、患者の家族は病気や治療法について驚くほど勉強して裁判に臨む。それだけのエネルギーがあるのなら、なぜ手術前にそうしなかったのかと担当の弁護士が残念に思うことがあるという。このことを思えば、不明な点についてはきちんとたずねなければならない。納得できないのにそのままにすれば後悔することになる。

これは本人や家族だけの問題ではない。医療者の方が自分の治療方針に口を挟ませないとか、十分な説明をしないというようなことがあってはならない。

無意味な規則に慣れる怖さ

私は長年、看護科のある高校で教えていた。ある年の初めての講義の日、私は教室に入った時に異変に気がついた。この学校は五年制なのだが、四年生になると、私服で学校に通うことが許されていた。四年生というのは、高校を卒業して大学に入った学生と同い歳である。その年齢の大学生が制服を着ていることは稀だろう。

その日、私が教室に入ると生徒は皆スーツを着ていたのである。それを見て、なぜスーツを着ているのかとたずねたら、校則が変わったのだという。

別の生徒はこういった。「服装の乱れは心の乱れです」。このような言葉が自分自身の発想から出てくるとは思えない。少なくとも、自分で考えていったとは思えなかった。教師がいったことをそのままいったのかもしれない。

はたして、服装が乱れたら心も乱れるのか。私服を着ることが服装の乱れになるのか。そんなことをいえば、私服で通勤している世の中のほとんどの人の心は乱れていることになる。誰もそんな疑問を抱かないのかと私は思った。校則の改変に反対した生徒もいたという話を後になって聞いた。スーツで通学していると就活をしていると思われるので嫌だと私に訴えてきた生徒もいた。しかし、学校の方針が変わることはなかった。

なぜ生徒が学校の方針が変わってスーツ等の着用を強《し》いられても、何の抵抗もなくおとなしく従ったのかを問題にしなければならない。

生徒たちは校則に縛られている。週に一度出講していたこの学校でも、毎月一度校門のところで服装検査が行われていた。生徒たちは黙って検査を受けていた。

どの学校にも校則があるが、ほとんどの校則には意味がない。本来、校則は必要なものなので決められたはずだが、どんな必要があって制定されたかがわからなくなってしまっていることが多い。校則をはじめとする規則は本来共同体が維持、運営されるために決められたはずだが、この本来の目的が忘れられている。

本来の目的に照らした時、生活指導には意味がないことがわかる。廊下を歩く時には、壁から三十センチ離れるとか、廊下を曲がる時には直角に曲がる、また恋愛は成績が三十番以内の者に限るという校則があると聞いたことがある。

校則の目的は別のところにある。それは端的にいえば、生徒を支配、抑圧するためである。もちろん、すべてのルールが不合理であるわけではないが、不合理であり本来守られるはずのない、あるいは、守られる必要がないルールであれば、それが守られている方がむしろ問題である。たとえ不合理なルールであっても、それを守る生徒は安全な存在だが、他方、ルールに背《そむ》く生徒は警戒しなければならない。そのような生徒も含めて、不合理なルールであってもそれを押しつければ、やがて無意味さに慣れてしまう。そのうち自ら考える力が奪われていくのである。自分では考えない生徒を制御するのは容易である。

黙って従ってはいけない

ＳＮＳが禁止という学校がある。律儀にその規則に従う生徒がいることに私は驚く。ＳＮＳが禁止されなければならない合理的な理由があるのか。学校は説明しているのか。納得できないのであれば、生徒は学校にたずねるべきである。生徒が納得できるような理由がないのに、ただ駄目なものは駄目だと生徒に押しつけようとしているのは問題だが、生徒の方も学校が禁止しているからＳＮＳをしないというのがより問題である。

生徒が学校にいる間にＳＮＳを使うことを禁止することについて合理的な理由があるのであれば、学校側はきちんとその理由を説明し、生徒に同意を取りつける必要がある。Ｓ

NSについて規則を決めるとしたら、生徒が学校にいる間だけであって、家庭でのSNSの使い方についての規則を決めることはできない。学校外でSNSを使うことについて学校は規制できないということである。店にきた客にマスク着用を求めることはできても、その客に家でもマスク着用を求めることができないのと同じである。学校での利用についても合理的な理由がないのであれば、規則だからと生徒に押しつけることはできない。

ある学校では、スマートフォンは学校に持ってきてはいけないが、携帯電話であればいいということだった。携帯電話であればSNSに繋がらないからだろうか。どちらも駄目という学校もある。授業中にスマートフォンなどを見ることがあってはいけないからだということだが、生徒がスマートフォンのことを気にするような退屈な授業を教師がしなければいいだけのことである。

ある教師が生徒の盗撮をするというようなことがあったので、教師は原則として、スマートフォンを職員室から持ち出してはならないという規則を作った学校があった。この対応のどこに間違いがあるかわかるだろう。いわば上流で起きている問題にいくら下流で対処しても切りがないのである。

ある時、一人の生徒にSNSが禁止されているけれど皆本当に従っているのかとたずねたところ、誰も守っていないという答えが返ってきた。私はそれを聞いて安堵した。規則に従わないのがいいというのではない。およそ守られない規則があれば、守らない人が悪いのではなく、守られない規則の方に問題があるのである。不適切なルールであれば、それを守らなければならない理由はない。

私が通っていた高校も生活指導が厳しく、後ろ髪は指で挟めてはいけないという校則があった。あの頃は長髪が流行《はや》っていたので、私たちの高校だけが異様だった。しかし、皆が納得していたわけではない。「他の高校では長髪が許されているのに、なぜ僕たちだけが髪の毛を短く切らないといけないのか」とたずねた同級生がいた。先生の答えはこうだった。

「君たちはインドのお坊さんと同じだ。今は修行中の身なのだから、坊主頭にしろとはいわないが、修行しているお坊さんが、質素な身なりをし頭を丸めているのと同じように、君たちも詰襟を着て、髪の毛を短くしないといけないのだ。髪の毛が長いと勉強に集中できない」

その時そんなものかなと納得してしまった自分が恥ずかしい。当時、その学校は男子校だったが、もしも女子生徒がいても学校は髪の毛を短くすることを強制しただろうか。髪の長い女子生徒が勉強に集中できないというのは明らかにおかしい。

この規則を決めたきっかけはあったのかもしれないが、やがてそれは忘れられ、ただ機械的に反復され、「奇怪な習慣」になったのだろう。奇怪な習慣の存在は「いかに習慣がデカダンスに陥り易いかを示すものである」と三木清は指摘している（『人生論ノート』）。デカダンスは退廃という意味だが、三木は精神を失って形骸化《けいがいか》したありさまを指しているのである。

これは本当に守るべきものかは絶えず問わなければならない。このようなことに慣れてしまえば、やがて政治家のいうことがどれほど不合理であっても、無批判に従ってしまうことになる。

大事なのは規則より本質

もちろん、世の中には守るべきなのに守られていない規則がある。守られていないからといって、規則に問題があるとはいえない。憲法についていえば、それを守らなくていいという選択肢はない。ちょうど右折禁止の道路で右折したドライバーが警官に止められた時に、「私の力でこの規則を変えてみせる」といっているのに等しい。

高校時代の別の同級生は、不合理な規則と戦うことを止め、丸刈りにしてしまった。そうすることは校則を認めてしまうことになるのではないかと私は思ったが、丸刈りにしたところで実際には、生き方まで変えることにはならない。

会社勤めをするようになると、会社の決定に従わないことは実際にはかなり難しい。しかし、育児休暇を取ったからと転勤を命じられたり、子どもが生まれたばかりなのに、あるいは、新居が完成したばかりなのに、父親が家族から離れて単身赴任を命じられたりする時、命令に必ず従わなければならないのだろうか。会社が無理な異動を社員に強いることはこれまでもよくあった。このような時、会社に命じられるままに単身赴任をするしかないのだろうか。家族が会社の都合で離れ離れに住まなければならないことが本当に必要なことなのかは真摯に考えるべきことであり、仕方がないと引き下がっていいとは思わない。

守られないルールには問題がある

ルールは守られなければ意味はないが、およそ守られないルールがあるとすれば、先に見たように、ルールを守らない人に問題があるというよりは、ルールそのものに問題があると考えた方が合理的である。

まず、知らない間に作られているルールは守られない。ルールはそれが制定される時、また制定されてからはルールが周知徹底されなければならない。制定時には当然上意下達であってはならず、問題があれば修正、撤回される余地がなければならない。憲法を一度も読んだこともないのではないかと思える政治家が、憲法を変えることを主張するのは論外である。

一体、どんな法律を根拠として決められたかわからないことが決められることがある。このような場合、そもそも法律のことなど考えていない。法律を恣意的に運用するというよりは、法律とは関係なく命令する。前例を踏襲してはいけないと政治家がいう。しかし、その「前例」が法律であれば当然踏襲しなければならない。もしも法律に問題があるのであれば、正当な手続きを踏んで変えなければならない。恣意的に法律を変えられるような国は、法治国家とはいえない。

次に、守らなくてもいい例外特権階級があるようなルールも守られない。ルールを守らなければならない人と守らなくていい人がいるような場合、守ることを強いられる人が反発するのは当然である。

ある学校で非常勤講師をしていた時のこと。その学校は校内禁煙だった。ところが、その日来賓として学校を訪れていた人が煙草を吸いたいといったので学校の職員は講師控室にその人を案内した。そこでなら喫煙しても生徒が入ってこないので問題がないと判断したのだろう。残念ながら、部屋には私がいた。私を無視して来賓に喫煙を勧めることはできなかったのである。

コロナウイルスに感染しても入院できない人がたくさんいる。そんな中、優先的に入院できる政治家らがいるのを知れば、不公平に怒りを感じるだろう。緊急事態宣言下、飲食店で酒類の提供が禁止されていたにもかかわらず、オリンピック会場では酒類の販売を認めるという決定がされた時、多くの人が怒りの声を上げたので撤回された。例外を認めてしまうと、真面目にルールを守ってきた人でも守ろうとは思わなくなるのは当然である。

第三に、合理性がないルールは守られない。先に見たように、ルールは共同体が維持されるために作られるが、その本来的な目的とは何の関係もない不合理なルールがあまりに多い。ルールであるというだけで守らなければならないと考える人がいる。

ルールが合理的なものであり、それを守ることが必要である場合でも、自分が守るかどうかを考えればいいのに、他の人がそのルールを守っているかを監視する人がいる。今の時代であれば、自粛警察と呼ばれるような人たちが他の人の行動を監視する。ルールが合理的なものであることが誰にも納得されているのであれば、このような強制はいらないはずである。

営業自粛を守らない店の名前を公開しようとした自治体があった。休業したり、営業時間を短縮したりすることがどれだけ感染予防の効果がある合理的なルールであるかは措いておくとしても一体、何のために店の名前を公表する、あるいは公表するという脅しをするかといえば、端的にいえば国民の分断化のためである。互いにいがみあえば本来向けるべき国や自治体に批判の矛先が向けられなくなる。かくて、感染対策という本来のルールの目的が忘れられてしまう。

無意味なことに慣らされてはいけない

北朝鮮のミサイル（飛翔体と呼ばれたが）が頻繁に発射されるようになった時、警報を鳴らして頭を伏せて机の下などに身を隠す訓練が行われた。実際にミサイルが飛んできた時に、このようなことをしてもはたして本当に生命が助かるかどうかはわからない。こんなことをしても意味がないということは多くの人がわかっていたはずだ。何もしないよりはいいだろうという意見もあったが、やがて訓練はされなくなり、ミサイルが発射されても騒がれることもなくなった。

このような訓練をすることの目的がある。それは無意味なことに慣らさせることである。無意味なことを繰り返しているうちに、誰も何の疑問も持たなくなる。政治家や官僚がつく嘘を聞かされ続けると、最初は驚き怒り呆れるが、いつの間にか何とも思わなくなり慣れてしまう。

どんな時も、なぜこんなことをしなければならないか問うべきである。それに対しては、誰もが納得できる合理的な説明をしなければならない。無理が通れば道理が引っ込むようでは駄目なのである。

まず必要なことは疑うことである。

東日本大震災直後の計画停電は、戦争中の灯火管制はこんなものだったのかと思わせた。後に計画停電は必要ではなかったことが明らかになったが、その時は原発が停止したために、本当に十分な電力が送電されなくなるだろうと多くの人が思ったかもしれない。実際には電力が不足していたわけでなかった。

東京オリンピック開催が決まってから、毎年夏になると猛暑が問題になった。コロナウイルスもさることながら、人の生命のことを考えたら、炎天下での競技開催が不可能であるのは大抵の人には明らかだったはずだが、かぶる日傘とか打ち水で乗り切ろうとすることとは失笑を買った。そんなことでは猛暑をどうすることもできない。

このようなことに「それは意味がない」と声を上げにくいような空気があるとすれば怖いことである。

法と正義のために危険を冒したソクラテスのように

テレビドラマを見ていたら、昭和三十年代の就職試験の様子が描かれていた。今なら皆同じリクルートスーツに身を固めて試験に臨むが、この頃の若者は私服だった。ワンマン社長が自ら試験をする。筆記試験なのに机がない。今の若者は机がないことを不審に思っても抗議しないのではないかと思ったが、受験者が社長に猛然と抗議をするのが印象的だった。こんなことをして社長の心証を害し、試験に落ちては困ると思う人にはできないことだろう。

政府がいうことに無批判に従うのは問題である。国を愛する、愛さないということとは別の問題である。当然、政権と国家は違う。ソクラテスは誰よりも祖国アテナイを愛していた。しかし、政権の行いを無批判に受け入れることはなかった。

紀元前四〇四年、アテナイが降伏し、二十七年間続いたペロポネソス戦争が終わった。その直後に反民主派の三十人政権が樹立された。

この政権はスパルタの勢力を後ろ盾に、反対派やその疑いのある人を次々に捕えて処刑する独裁政権になった。政権はソクラテスを他の市民と共に呼び出し、サラミスのレオンという無実の人を処刑するべく強制連行するよう命じた。

この時、ソクラテスはどうしたか。他の四人はサラミスへ行ってレオンを連れてきたが、ソクラテスは政権の不正な命令に従うことを拒み、家に帰ってしまった。

「その時、私は言葉ではなく行動によって、乱暴な言い方にならないのなら、私には死は少しも気にならないが、不正や不敬なことは決して行わないことにこそ私の関心があることをもう一度示したのだ」（プラトン『ソクラテスの弁明』）

「もう一度」とソクラテスがいっているのは、ソクラテスが評議員を務めていた時に、海戦での漂流者を救出しなかったというので一括して十人の将軍を裁判することになったが、これが違法であると執行部の役人の中でソクラテスだけが反対投票をしたことを指している。そうすることには逮捕され死刑になる危険もあったのである。

この政権は翌年民主派の武力抵抗によって倒れたが、もしもすぐに倒れていなかったら殺されていただろうとソクラテスはいっている。後に死刑判決を受けたソクラテスは脱獄することもできないわけではなかったのに死刑になった。そのことで誤解されることがあるが、ソクラテスは国家の命令であれば何でも従ったわけではない。正義のためには死の危険を冒すことをも厭わなかったのである。もちろん、現代のわれわれがソクラテスのような勇気は持てなくても、ソクラテスが政権にいわれるままに従うことを、祖国に対する忠誠と混同しなかったことは学ばなければならない。

上からの秩序はいらない

たとえ、不合理なルールであってもそれがなぜ必要かといえば、まず、今見たように無意味なことに慣らすことによって、従順に従う人を作りたいからである。

次に、共同体の中に秩序を形成しなければならないからである。しかし、秩序は本来的には上から押しつけられたり、型に嵌められたりするものであってはいけない。

また、秩序を形成するために、意見を異にする人が排除されることがあるが、このような仕方で秩序が形成されると考えるのは間違いである。政治家がスローガンとして分断ではなく統一を掲げることは問題だと私は考えている。聞こえはいいが、異論を認めない同調圧力が強く働く共同体が形成されることになる可能性があるからである。

これは喩《たと》えてみれば、書棚に本を整理する時に、内容とは関係なく本の大きさによって並べるようなものである。共同体の中に秩序を形成しようとする人は異論を排除しなければならないと考える。書棚に入らない大きな本は捨てるしかない。捨てないとしても、別のところに固めて移動させなければならないと考えるように。

このようなやり方で書棚に本が綺麗に並んだとしても、見た目は綺麗かもしれないが、仕事にはまったく役に立たない。同様に、道徳を外的な秩序を形成するために使おうとする人がいる。秩序が必要でないといっているのではない。しかし、本当に自分で納得して今必要なことを自発的に行うことで、内的な秩序が形成されなければ意味がない。

国がもっとも秩序を必要とするのは戦争の時である。ミサイルが飛んできた時に机の下に身を隠す訓練をさせるのも、国民の間に秩序を形作るためである。

病気との戦いという比喩が持ち出されることがある。これは「真の戦争を起こす際に、国民の支持を得やすくするための準備」（伊坂幸太郎『ＰＫ』）であると登場人物が語っているがそういうことはありうるだろうと思った。

外に敵があれば強敵に立ち向かうべく国民が一致団結する。国民の一致団結を図るために戦争をするともいえる。ウイルスとの戦いは外的な敵との戦いではないが、皆が一丸となってウイルスと戦うというようなことをいえば、他国との戦争であれば反対する人がいても、ウイルスとの戦いに異を唱える人は少ないだろう。

このようにして、秩序が形成される。秩序が形成された社会では皆が同じように考え同じようにふるまうことが期待される。だからこそ、皆と同じようにふるまわない人、人からよく思われないことを厭わず真実を語る人が嫌われ、恨まれるだろう、ソクラテスのように。

不正に加担するな

上司の不正に目を瞑《つむ》ったり上司から命じられて不正を行ったりする人がいるのはなぜなのか。

あるいは、強制されなくても、上司のために嘘をつくことが自分にとって有利であると判断した人は、上司から何もいわれなくても忖度《そんたく》するかもしれない。

上司に命令されて不正を行ったり、忖度して上司のために不正を行ったりする人は、そうすることが自分にとって「善」である（ためになる）という判断をしたからなのだが、なぜこのようなことが起こるのかということをもう少し詳しく見てみよう。

上司の覚えがめでたければ昇進できるだろうと思ったかもしれないし、実際、上司から昇進を約束されたこともあるだろう。

三木清が次のようにいっている。

「もしひとがいくらかの権力を持っているとしたら、成功主義者ほど御し易いものはないであろう。部下を御してゆく手近かな道は、彼等に立身出世のイデオロギーを吹き込むことである」（『人生論ノート』）

ここでいわれていることは現代にも通じる。今の時代も三木の時代と少しも変わらない。上司が出世こそ人生の大事と説き出世をちらつかせると、「成功主義者」である部下は上司の言いなりになってしまう。

報酬や地位をちらつかされて、官僚が無能な政治家のために嘘をつく姿を見ない日はないといっていいくらいである。

恥ずかしくないわけではないのだろうが、嘘だと非難されてもそうすることが自分にとって得であるという判断をすれば、誰の目にも嘘とわかるような嘘をつくだろう。嘘をつけば一時的に評判を落とすことになって損をするが、将来的には昇進を果たせるので得になるかと天秤にかけるわけである。

実際、嘘をつき通して、最終的に昇進を果たせたとしても、本当にそれが「善」なのか。そんなことをしてまで昇進し、成功することに価値があるのか私は疑問に思うが、生活を人質に取られている部下は上司に逆らわないのである。上司は昇進をちらつかせるだけではない。それと同時に、もしも自分に従わなければ冷遇すると部下を脅かす。そうすると、部下は上司にいよいよ逆らえなくなる。上司の顔色を窺い、上司が命じることをするしかないと思うかもしれない、たとえそれが不正であったとしてもである。

上司に強いられて不正に加担したことに良心の呵責《かしやく》を感じた人が、自ら命を絶つという痛ましい出来事があった。そのようなことが起こらないために、上司の指示であっても、不正を行うことが「善」ではないということが理解されなければならない。上司の指示が間違っている時に、それに異議を唱えることができるような社会にしなければ、同じことが今後も繰り返されるだろう。

同調圧力に屈するな

さらには、人目を気にするというより、自分がしたいことであってもそれをしないことがまわりの人にとっても有用だと判断して、皆の和を乱さないでおこうとする人もいる。

皆が同じことをすることが期待される。その意味での同調圧力に屈してはいけない。この圧力が正義に反することもある。多くの人がおかしいと声を上げれば、このような圧力は起こらないが、間違ったことでも従わなければならないと思い、従わない人に従うように圧力をかけることがあってはならない。皆がしていることであれば間違いないと思っている人もいるだろう。

皆が帰らないと仕事がなくても帰れないと多くの人が思うような職場は同調圧力が強い。事実しなければならない仕事があるので、終業時間に帰れないということはあるだろうが、それでも絶対帰れないかといえばそうではないだろう。帰れないわけではないけれど、他の人がまだ仕事をしていれば、自分だけ先に帰るというわけにはいかないのである。というよりも、正確には、帰るわけにはいかないと考える人がいるということである。ここにも「空気」がある。「空気」があると思う人がいる。

ただでさえ仕事が多く帰宅が遅くなるのに、その上、職場の上司に付き合ってさらに帰宅が遅くなるような生活をしていたら、過労死することになるかもしれない。それなのに、なぜ職場の同調圧力に屈することなく、自分が正しいと考えることをしようとしないのか。

同調圧力が強ければ、一人違う行動を取ると叩かれ、その集団から排除しようとする力が働く。『嫌われる勇気』がテレビドラマ化された時、批判する人が多くて驚いた。主人公の刑事は自分の判断で動き、他の人に合わせようとしない。出る必要がないと判断した会議には出ないというようなことを平気でするところが反感を買ったようだ。協調性がないというわけである。

その刑事は有能で犯人を検挙できる。協調性があっても、つまり、上司や同僚と友好的な関係を築けても、犯人を検挙できなければ有能な刑事とはいえない。犯人検挙のために本当に必要な会議であれば出なければならない。しかし、多くの職場でただ時間を浪費するだけの会議は多い。必要な場合であっても費やされる時間があまりに長い。会議に出ている時間があれば本当にしなければならないことがあるはずなのに、皆が致し方なく参加しているのであれば、そのような会議はいらない。

ドラマでは、会議に参加しない刑事が出てくるので驚いた人も多いようだったが、自分の信念に従って行動できる人を羨ましく思った人もいるはずである。会議に参加したくないと思っても、会議に出ないことは現実的には難しいからである。ドラマの中では、上司の一人から「お前が羨ましい」と声をかけられる場面があった。わがままだ、自己中だというようなことをいう人がいても、本当は自分も同じようにしてみたい。しかし、思ってもそうすることができない自分が不甲斐ないのである。

「よく思われたい」気持ちを捨てる

会議に出なかったり、仕事が終わればさっさと帰ったりする。そのようなことをすれば、職場で孤立するかもしれない。同調圧力に屈してしまうのは、皆によく思われたいからである。少なくとも、皆と違う行動を取って協調性がないというような悪評を立てられたくないからである。

「嫌われる勇気」という言葉だけが一人歩きしている感があるが、もともと人から嫌われることを何とも思わない人は、この上、嫌われる勇気は必要ではない。自分の言動が他の人にどう受け止められるかということをいつも意識できる人は、少なくとも故意に人を傷つけるようなことをいったりはしないだろう。人の気持ちに配慮できる人であれば、必要以上に自分の言動がどう受け止められるかを気にしないで、自分のいいたいことをいっていいのであり、いうべきである。

人からどう思われるかを気にする人は、自分の考えを持てず、人からよく思われたいので誰にでもいい顔をしようとする。立場の相反する人にも忠誠を誓う。そうなると、他者からの信頼を失うことになる。

また、このような人は自分の人生を生きることができなくなる。人の意見に耳を傾けることは必要なことだが、自分の人生なのだから、自分で自分の人生を決めるしかない。

このように、他者から信頼を失い自分自身の人生を生きられなくなったとしても、それでも、他者に合わせてしまう。なぜなら、自分で決めて行動し失敗するようなことがあれば、その責任は自分が取るしかないが、誰かのいう通りにしてうまくいかなければ、その責任を人に負わせればいいと考えているのである。

しかし、自分が誰かの意見に従うという決断をした時に、その決断の責任は自分にある。後になって「あなたのせいでこんなひどい目に遭った」といってみても、他の人の人生に口出しをしたことなど誰も覚えていないかもしれない。「あの時、あなたは私にこういった」といってみても、そのことをいつまでも覚えているのは自分だけである。

他の人の意見に従って自分の人生の大きな決断をし、その結果、自分の思うような人生にならなかったとしても、そのことの責任を他者に転嫁《てんか》するのは無意味だ。なぜなら、人の意見に従って生きた人生が不本意な人生だったことが後になって判明しても、それも自分の人生であって、他者の人生ではないからである。

期待に反して行動する勇気

　職場では上司に忖度してはいけない。上司によく思われ、またそうすることで昇進することを期待して上司に代わって不正を行っても、先にも見たように、問題が発覚した時、結局、罪を上司から着せられることになる。部下が勝手に忖度したのであり、文書の改竄を指示したわけではないというようなことを上司はいうかもしれない。

　上司によく思われようとする人は、上司の気持ちを忖度し、上司から不正を行うことを命じられても悩まない。

　しかし、良心のある人であれば、上司から不正を行うことを命じられた時、ためらわないわけにいかない。一度は上司の指示に従ったとしても、そのことを後になって悔いる。忖度する人は良心の呵責を感じないが、不正を行うことを強いられることは人間の尊厳に関わることだ。

　とはいえ、現実的には、部下が上司から命じられたことを拒否することは難しい。拒めばたちまち生活が成り立たなくなる。

　だからといって、不正を行っていいことにはならない。どうすれば、一度でも不正を命じる上司の指示に従おうなどと思わないようになれるのか。上司の指示を一蹴できるほどの勇気をどうすれば持てるようになるのかを考えていかなければならない。

三木清はこういっている。

「我々の生活は期待の上になり立っている」（『人生論ノート』）

そういった後に、

「時には人々の期待に全く反して行動する勇気をもたねばならぬ」

という。

誰も他者の期待を満たすために生きているのではない。部下も上司の期待を満たさなくてもいい。部下は上司に忠誠を誓う戦士ではないからである。

しかし、立身出世のイデオロギーに囚われた部下は上司に背こうとしないかもしれない。それでも、良心のある人は上司の不正を見逃すことはできないはずである。そう思う人がいることを切に願わなければならないのが今の時代である。

感情は「社会化」されたもの、知性こそ「主観的」「人格的」

自分のいう通りに動くと思っていた部下が上司に背こうとすれば、上司は宥《なだ》めたり、すかしたり、凄んだりしてあらゆる手立てを用いて部下に翻意《ほんい》を迫るだろう。

部下は上司の期待に反して行動する勇気を持たなければならない。ところが、多くの人は、上司に背くべきだと思ったとしてもそうすることができない。

二つの理由がある。

一つは、感情に流されるからである。上司が自分に背こうとする部下に翻意を迫る時、宥めたりすかしたり凄んだりするのは感情に訴えているのである。その感情に部下は抗えない。なぜなのか。

三木は次のようにいっている。

「感情は主観的で知性は客観的であるという普通の見解には誤謬《ごびゅう》がある。むしろその逆が一層真理に近い。感情は多くの場合客観的なもの、社会化されたものであり、知性こそ主観的なもの、人格的なものである」（前掲書）

感情が「客観的なもの」「社会化されたもの」であるとはどういう意味か。感情がまったくの主観的なものであり、個人の内面に属するのであれば、感情に訴えたり、煽ったりすることはできない。そうすることができるのは、感情が社会化された外面的なものだからである。

自分で考えて判断するのではなく、皆がよしとしているからとそれに合わせる人は多いが、自分だけ人とは違う判断をして行動しようとする人は少ない。

他方、知性は感情のように煽ることはできない。知性は主観的なものであり、個人の人格に属するものだからである。

そこで、人格的、内面的な知性を持った人であれば、感情的な揺さぶりに動じることはない。上司の不正を告発し、そのために孤独になるとしてもそうなることを恐れない。不正は決して「善」ではない、自分にとって決してためにはならないと判断できるからである。三木は次のようにいっている。

「真に主観的な感情は知性的である。孤独は感情でなく知性に属するのでなければならぬ」（前掲書）

感情と思われているもので、人格的、内面的なものがあるなら、それは感情ではなく知性に属するはずである。ここで三木がいう「孤独」は一人でいると寂しいというような感情的なものではない。自分は一人であるという自覚に立つ意識であれば、それは知性に属するのである。

個性を失うな

今の時代は同調圧力が強いのでそれに屈しないでおこうとする人は少ない。自分だけが他の人とは違うことをして孤立することを恐れるからである。なぜこんなことになったのかといえば、「個性」を持っていないからである。

実際、若い人は他の誰にでも代われる「人材」として、自分を企業にアピールする。人材はもともとは優れた才能を持つ人物を意味していたが、今では組織運営の材料という程度の意味になってしまっている。

これは企業が「人材」を採用しようとし、他ならぬこの人、個人を採用したいと思っていないからだ。服装も髪型も化粧まで企業の好みに合わせようとする。以前、ある旅行会社で講演したことがあったが、その日たまたま採用試験の日で、多くの大学生が面接を受けるために廊下に並んでいた。

中に民族衣装を着て試験に臨んだ大学生がいた。その学生の服を見てその旅行会社の人は、「彼女は絶対受からない」といった。他の人と違うことをして目立とうとするような人は、その会社では採用されないわけである。

このような学生は少数派で、ほとんどの学生はリクルートスーツを着て試験に臨む。リクルートスーツを着ている学生になぜ私服ではないのかと問えば、わざわざ他の人と違うことをして不利な採点をされ、採用されなければ元も子もないとでもいうのだろう。兎にも角にも採用されることが先決だと考える。こんなことをしてでも採用された学生が、就職後は上司からどう思われようと気にかけず、自由に生きるかというとそうではない。

このような没個性の人から成る組織においては、誰もが他の誰とも取り替えられる。使えなくなれば捨てられる。

だからこそ、そのような組織の中で生き残り、昇進したい人は、上司の指示に従い、上司に気に入られることに努める。本来、実力を発揮して頭角を現すような人は会社にとって重要であるはずであり、そのような人をこそ採用するべきだが、企業にとって脅威になるかもしれないような人ではなく、他の人に替えることができる「人材」を採るのである。大学では何も学んでいなくてもいい、就職してから会社が教えるというようなことをいう経営者もいる。

没個性は無批判にルールに従うことから

個性をなくすためには秩序が必要である。先にも見たが、秩序がとりわけ必要なのは、戦争の時である。逆にいえば、平和な時は秩序は必要ではない。ここでいう秩序は皆が同じようにするという意味である。政府が秩序の必要性を説き始めた時は、国民を自分で考えないで政府の指示に唯々《いい》諾々《だくだく》と従うようにしたいのである。

軍隊は立身出世を目指す組織の典型である。戦争のためには、その組織に属している一人一人の個性や幸福は関係ない。もちろん、生命など関係ない。戦争で死ねば代わりの誰かを補充すればいいだけだ。

そんな時代には個人の幸福は抹殺される。国民の生活が大事などという政治は間違っているというような政治家が現れる。国民のために政治をするというような当たり前のことをわざわざいうような政治家はそうするつもりがないのだろう。

今の学校教育を見ても、制服着用を強い、生活指導をするのは生徒から個性を奪うためである。私服で登校したからといって、生活指導をしなくても学校が混乱するはずはない。学校は基本的に学びの場である。予備校に生活指導があれば行こうと思う人は多くないのではないか。

ゲーテはいう。「自分自身を失わなければどんな生活も苦しくない。自分が自分であれば何を失っても惜しくない」（*West-östlicher Divan*）

ゲーテはまた次のようにもいっている。

「何かになるため誰かを支配することも服従することも必要でない人だけが、本当に幸福であり偉大なのだ」（*Götz von Berlichingen*）

先にも見たように、自分で決めなければ責任を取らなくてもいいと思っている人がいる。誰かに指示されなくても、自分のしていること、あるいは、自分自身について価値があると思えることが真に自立しているということの意味である。

三木清はいう。

「幸福は人格である。ひとが外套《がいとう》を脱ぎすてるようにいつでも気楽にほかの幸福は脱ぎすてることのできる者が最も幸福な人である。しかし真の幸福は、彼はこれを捨て去らないし、捨て去ることもできない。彼の幸福は彼の生命と同じように彼自身と一つのものである。この幸福をもって彼はあらゆる困難と闘うのである。幸福を武器として闘う者のみが斃《たお》れてもなお幸福である」（『人生論ノート』）

自分自身ではない、外套に守られなければ生きていけないと思う人がいる。しかし、たとえ真の幸福ではないものをすべて失っても、自分が自分であり、他の誰にも代えられない自分であればどんなことがあっても闘える。

ニヒリズムに陥るな

食べ物についてそれが美味しいか美味しくないか、あるいは、辛いか辛くないかということについては、それぞれの人がどう判断してもそれほど大きな問題にはならない。同じものを美味しいと思う人もいればそうでない人もいるというだけであって、その判断が正しいかどうかはあまり意味がない。このような価値相対化の議論は古代ギリシアの時代からある。ソフィストの代表であるプロタゴラスは「万物の尺度は人間である」といっている。

しかし、食べ物が健康によいか悪いか、有害か無害かという話になると、各人が自分の主観で決めることはできない。つまり、「私はこの食べ物は健康によいと思う」といっても意味がないということである。健康によいと思ったところで実際には健康によくないことはある。このようなことについては、主観で決めることはできない。

「誰一人として悪を欲する人はいない」というソクラテスのパラドクスについて、この命題の中で使われる「悪」、その反対の「善」に道徳的な意味はなく、善悪は「利害」という意味、つまり「ためになる」「ためにならない」という意味であることは先に見たが、この善悪は主観で決めることはできないのである。

善も悪も人が知らないだけであって、絶対の善悪がないのではない。

プラトンが哲人政治論を唱えたのは、民主主義が虚無主義、あるいはアナーキズムに陥る危険があることを見て取ったからである。プラトンは価値の相対化、虚無主義に反対した。

三木清は次のようにいっている。

「もし独裁を望まないならば、虚無主義を克服して内から立直らなければならない。しかるに今日我が国の多くのインテリゲンチャは独裁を極端に嫌いながら自分自身はどうしてもニヒリズムから脱出することができないでいる」（前掲書）

これでは独裁者の思う壺になってしまう。既に強固な価値観があるところに、新たな価値観を植えつけることは難しいが、虚無主義者に何らかの価値観を植えつけることは簡単だからだ。

絶対的真理を思索せよ

幼い頃から受験勉強に専念し、勉強のためには、他のすべてのことを犠牲にしてまで有名大学に合格したような学生は、試験に合格するために必要な知識はたくさん持っており、与えられた問いにはたちどころに答えを出せるかもしれないが、自分で問いを立ててそれに答えるというようなことはしたことがない学生もいるだろう。そのような問いの中には答えがないものもある。数学では証明できないことを証明しなければならないことがある。コロナウイルスについていえば、このウイルスは未知のものなので従前の知識は役に立たない。

何事も考えるためには時間が必要である。しかし、試験においては、時間をかけて考えていては最後の問題まで答えることはできない。受験のテクニックに長《た》けた学生は大学に合格するが、時間をかけゆっくりと考える学生は合格しない。ゆっくり考える学生の力は試験では測れない。

オウム真理教の事件があった時に高学歴の若者が教祖にいわれるがままに殺人を犯した。

なぜ彼らがそのようなことをしたか当時私はわからなかったが、自分で考えること、また疑うことを知らない若者たちは、強烈な個性を持った教祖にいとも簡単に洗脳されてしまったのだろう。

絶対的な価値がないのではない。ただし、それを知ることは容易ではない。アドラーが「我々は絶対的真理に恵まれていない」（『個人心理学講義』）という時、絶対的な真理がないといっているのではない。絶対的真理を知ることは容易ではないということである。

自分が正しいと考えていることは間違っているかもしれない。そう思えるためには、自分は何も知らないのではないかと疑うことが必要なのである。知っていると考えない方がかえって真理に近づくことを可能にする。

宗教団体でなくても、一般企業においても新人を洗脳することがある。先にもいったように、大学では何も学ばなくてもいい、我々が一からすべてを教えるというようなことをいう会社もある。若い人が自分で考えることを会社は望まないのである。

国民もまた政治家から何も考えないようにさせられているといって間違いない。消毒薬がコロナウイルスの感染を予防するのに有効だと政治家がテレビで話したらたちまち薬局の店頭からその商品群が姿を消す。

政治家を政治家としての力量で判断しようとしないで、見た目や趣味で判断しようとする人が多い。そういうことしか報道しないマスコミも問題だが、そのような番組を好んで見る方も問題だ。悪政なのに支持率が減らないのは、考えない人がいるからである。

「限られた情報」から正しく判断できる力

相対主義、さらには虚無主義を克服するためには、考えること、あるいは、疑うことを止めてしまってはいけない。何も考えなくなれば、たまたま耳にしたことや目にしたことが本当だと思ってしまう。今の時代であればSNSで見かけたメッセージを読んで（「見て」というのが正しいかもしれない）情報源を確認せず、書かれていることが本当かどうか少しも考えようともしないで「いいね」をつけたり、シェアしたりする。かくて誤った情報が拡散する。後に誤った情報を正そうとしても、一旦拡散した誤った情報が拡散し続けることに歯止めをかけることはできない。

自分ではしっかりと考えずに、誰かがいったことを無批判に受け入れていると、自分では何も判断できなくなってしまう。自分で考えようとしない人が増えることは為政者にとってありがたい。そのような人に為政者が自分たちにとって都合のいい考えを植えつけることは容易だからである。

今の時代のさらなる問題は、世の中で起こっていることがきちんと報道されていないことである。きちんと報道されていれば考える力がある人はその報道にもとづいて正しく判断できるが、政治家にとって都合の悪いことが報道されなければ、正しく判断をすることは難しくなる。政治家が報道に圧力をかけることもあれば、メディアが政治家に忖度し報道しないこともある。

しかし、それでもしっかりと考える力を身につけていれば、情報がわずかでも正しく判断できる。学生の頃、家庭教師をしていたことがあった。ある年教えていた高校生のことを思い出した。その生徒は英語があまりできなかったが、長文読解問題で本文の内容と一致しているものにはマル、そうでないものにはバツをつけるという問題が得意だった。英文の内容の細かいところまでは読めないのだが、ここにはこんなことが書いてあるはずだ、反対に、こんなことは書いてあるはずがないという判断ができた。情報が少なければ正確な判断をすることは困難だが、たとえ情報がわずかでも、正しい判断ができないわけではない。

私の三歳の孫を見ていると大人たちの話を注意深く聞いている。おそらくは、自分が知っている言葉を大人たちの話から拾い出して話を理解しようとしているのだろう。そして、驚くべきことに大抵正しく理解している。わからなければ「今、何の話をしているの」とたずねる。自分に関係のない話を大人がしていると思っていれば話を聞こうともしないかもしれないが、たとえ自分に向けられた話でなくても耳を傾ける。このような経験を繰り返すうちに、語彙《ごい》も増えさらに話がわかるようになるのだろう。

重要なのは、まず今起こっていることに関心を持つことである。起こっていることはすべて何らかの仕方で自分に関係があると思えなければ関心を持つことはできない。

「変えられた情報」から正しく判断できる力

次に、変えられた情報からであっても正しく判断できる力を持つことである。加藤周一は、神田盾夫教授のラテン語講読に出席した。軍事教練と学徒動員の時代に、ラテン語の母音の長短に関心を持つ学生は少なかった。大学構内でも本郷の通りでも国民服以外の服装を見かけることがほとんどなくなったのに、教授は英国製の背広で教室に現れた。誰の目にも挑発的に見えただろう、その服装で汽車で大学に通った。

一九四四年六月連合軍のノルマンディー上陸が伝えられた日、教授は授業が終わっての帰り支度をしながら、ほとんど独り言のようにつぶやいた。

「さあ、これで、敵も味方も大変だ」

教室の扉の前まで行って急に立ち止まって学生の方に振り向いてこういった。

「敵というのは、もちろん、ドイツのことですよ」

「一瞬呆然として顔を見合せていた私たちが、我にかえったとき、神田教授の姿はもはやそこにはなかった」(『羊の歌』)

この時代は情報が限られていたばかりではなく、偏向した情報が伝えられていた。そんな中でも、この神田教授のように的確な判断をしていた人はいたはずである。

生活者としての実感を持て

情報が少なくても正しい判断ができることは、次の事例からもわかる。

哲学者の鶴見俊輔が、土岐善麿の次の歌を引いている(「『殺されたくない』を根拠に」『朝日新聞』二〇〇三年三月二十四日夕刊)。

あなたは勝つものとおもつてゐましたかと老いたる妻のさびしげにいふ(歌集『夏草』)

一九四五年八月十五日の家の中の出来事を歌った一首である。土岐は明治から大正にかけては戦争に反対したが、やがて新聞人として昭和に入ってから戦争に肩入れした演説をした。その間、家にあって台所で料理をととのえていた妻は、乏しい材料から別の現状認識を持ち続けたと鶴見はいう。

「敗戦当夜、食事をする気力もなくなった男は多くいた。しかし、夕食をととのえない女性がいただろうか。他の日とおなじく、女性は、食事をととのえた。この無言の姿勢の中に、平和運動の根がある」

「理論は、戦争反対の姿勢を長期間にわたって支えるものではない。それは自分の生活の中に根を持っていないからである」

土岐はこんな歌も詠んでいる。

子らみたり召されて征きしたたかひを敗れよとしも祈るべかりしか（歌集『夏草』）

戦争中、子どもたちが三度も徴兵されたことを悲しみ、敗戦を祈ることは土岐にはできなかったのである。生活の中に根を持った人であれば、当然、戦争に異を唱えるということはあってしかるべきである。

限られた情報であっても正しい判断ができるということについていえば、日々料理をしていれば、食材が手に入りにくくなっていくことが戦争と関係があることはわかる。詳細はわからなくても、日本が報道とは違って負けつつあることはわかったはずである。

い。

「される」側の当事者として考えよ

さらに、「私」を主語にして、「する」側ではなく「される」側から考えなければならない。

何事について考える時も、自分を安全圏に置いて評論家のように考える人がいる。消費税が上がれば、生活がたちまち苦しくなることはわかるはずだが、増税はやむをえないという。日頃買い物などしたこともないような政治家がスーパーに立ち寄り、「大きな混乱はないようだ」という。

「消費税が引き上げになってもしようがないですね、できることは協力したいですね。裁判員に選ばれたらもちろん仕事を休んで行きますよ。特定秘密保護法も国を守るためならしようがないですね、できることは協力しなければ」

このようなことをいう人は、生活者として物事を見ていない。今自分に起こっていることが対岸の火事であり他人事だと思っているので、まるで評論家のように起こっていることについて分析、論評する。それらのことが我が身に降りかかればどうなるかが少しもわかっていないのである。

政治家が税金を私的に使っているということは到底許されることだと思わないが、このようなことに関心を持たない人は、自分の税金がどう使われるかについて関心を持ったことがないのだろう。自分で買い物をするような人ではないかもしれない。生活者でなければ、消費税の引き上げがどれほど大きな影響を生活に及ぼすか実感することはできないだろう。

何事についても客観的に考えることは必要なことだが、自分を対岸に置いて考えると間違ってしまう。正しい判断ができるためには、生活者として考えられなければならない。

対岸に自分を置いて考える人は、当事者として物事を考えられない。消費税が上がって困る「私」の視点から考えず、自分が政治家であるかのように今の世の中に起こっていることを見てしまうのである。

そのような人は戦争中であれば、子どもの徴兵を喜んだだろうか。中には、本当に名誉なことだと思ったり、少なくとも、人前では喜ぶふりをした人がいたかもしれないが、戦地に子どもを送り出す親としては、子どもが徴兵されたことを喜んだとは思えない。必ず、生きて帰ることを願っただろう。

「する」側に立つ人は、戦争で人が死ぬことなど何とも思わない。「する」という表現は誤解されるかもしれないが、戦争について決める政治家や軍人は、自ら戦争に行くつもりなどない。

原発のことについても、政治家の視点ではなく、生活者としての「私」の視点から見る人は、原発は経済発展のために必要だというような議論に与《くみ》することはないだろう。経済を重視する社会は、必ず弱者や地域を犠牲にすることをやむなしと考える。自分を安全圏に置いて、どちらの生命を優先すべきかと考える人の発想である。

コロナウイルスも同じである。経済を回さないといけないという人は「する」側から考えているのである。そのような人は経済を回すために人の命が犠牲になっても致し方ないという。しかし、そういう時の「人」には自分は含まれていない。

自分に無関係なことはない

だから、目下《もつか》起こっていることに関心を持ち、決してどんなことも自分には無関係のことだと見てはいけないのである。

近くにいる人の迷惑はただちに自分の身に降りかかってくる。隣家の犬の吠え声が喧《やかま》しいというようなことである。しかし、政治は自分には無関係、少なくとも直接関係がないと思い、無関心な人が多い。選挙があっても、自分の投票は大勢に影響を及ぼさないと考えて行かない人も多い。

しかし、直接自分の身に降りかかってはこず（と思える、ということだが）自分とは関係ないように見えても、この世に起こっていることはどれも自分に無関係ではない。起こっていることが理不尽であればなおさらである。アドラーは次のようにいっている。

「たしかにこの世界には、悪、困難、偏見がある。しかし、それがわれわれの世界であり、その利点も不利な点もわれわれのものである」(『人生の意味の心理学』)

ここでは、悪、困難、偏見があげられている。それらは本来存在しないものではなく、それらも存在し、われわれのものであるとアドラーはいうのである。

アドラーは、またある時こんなことをいった。

「中国のどこかで子どもが殴られている時、われわれが責められるべきだ。この世界でわれわれと関係がないことは何一つない。私はいつもこの世界を変えるために何ができるかを考えている」(Phyllis Bottome, *Alfred Adler*)

傍観者であってはいけないということである。interestは「中(間)に(inter)ある(est)」という意味である。何事も自分と無関係ではなく、自分と関係していると見ることが「関心がある」ということである。

『維摩経《ゆいまきょう》』には釈尊の弟子である文殊菩薩が病気の維摩を訪ねる場面がある。この病気は何から生じたのかという問いに維摩は答えた。

「一切衆生病むを以って、是の故にわれ病む」

維摩は、他の人の苦しみをさしおいて、自分だけが幸福になることはできないと考える。

他の人が苦しむことが自分に関係がないと考えるのと考えないのでは大きな違いがある。

他人の靴を履く

自分に無関係なことはない、起こっていることはすべて自分に関係すると思える。また、起こっていることを第三者的にではなく、自分も当事者であると考えることができるためには、どうすればいいか。

まず、他者は自分と同じように考え感じているわけではないことを知らなければならない。だから、他者を必ず理解できると思わないことが必要である。自分が考える通りに相手もまた考えていると信じて疑わない人がいる。そのような人と付き合っていくのはかなり厄介なことである。私はそんなふうに思っていないといってみても、そう思っているはずだと返されるからである。そのような人が自分の間違いに気づくのは難しい。

しかし、自分がしなければならないことがある。自分もまた相手がどう感じどう思っているか理解できていないかもしれない、自分の考え方、感じ方、見方が唯一、絶対のものではないと知ることである。

次に、「共感」できなければならない。これは相手の立場に身を置いて考えるということである。言葉だけ聞けば何となくわかった気になるかもしれないが、相手の立場に身を置くことは容易ではない。アドラーは「相手の目で見て、相手の耳で聞き、相手の心で感じる」（『個人心理学講義』）といっている。相手を見るためには自分の目で見るしかないのだから、相手の目で見ることは本来不可能である。聞く場合も同じである。それでも、アドラーがこのような言い方をしているのは、自分の目で見る、つまり、自分の立場から相手を見てしまうと大抵間違うからである。

アドラーは「同一視」という言葉も使う。相手の立場に身を置いて自分自身を相手と「同一視」する努力をすれば、相手を理解することに近づくことはできる。

アドラーは、窓を拭く人が足を踏み外しそうになったら、それを見ている自分もまた同じように感じることだろうといっている。人の話を聞く時には、自分を相手の立場に置くのでなければ理解することはできない。また、多くの聴衆を前にして演説している人が、話の途中で突然先に進めなくなって、つかえてしまった時、それを聴いている人は、自分がこのような恥ずかしい目に遭ったかのように感じるだろうといっている（『教育困難な子どもたち』）。

英語には「誰かの靴を履いてみる」という表現がある。

近年は台風が多く、避難しなければならないこともよくある。ホームレスの人が避難所から追い返されたことがあった。ブレイディみかこの息子は、「追い返した人の〝靴を履いてみた〟」という（『日英の衝撃的な教育格差が「ノンフィクション本大賞」受賞作を生んだ』ブレイディみかこ、岸見一郎「ダイヤモンド・オンライン」二〇一九年十一月二十七日）。

避難所の係の人は他の避難者や施設で働いている他の人たちが、ホームレスの人を受け入れたくないだろうと想像したので、追い返すという判断をしたのではないかと考えた。たしかにホームレスの人を受け入れたら反対する人がいるかもしれない。しかし、皆ではなかっただろう。賛成する人もいたはずである。ホームレスの人を追い返した人が受け入れられると思えなかったのは、社会に対する信頼ができていなかったからである。

係の人は、避難してきた人や避難所で働いている人の靴を履いたが、ホームレスの人の靴を履かなかったのだ。もしもそうしていたら、嵐の中でホームレスの人がどのように過ごすことになるか想像できたはずである。避難所にいる人もホームレスの人に共感しただろう。自分をホームレスの人の立場に置き、豪雨の中、外で過ごすことがどういうことなのかを想像するのは決して困難なことではなかったはずだ。

しかし、社会に対する信頼を欠いていた係の人は、避難所にいる多くの人の思いを正しく理解できなかったのである。

任せてはいけない

相手の立場に立って共感ができるようになれば、世の中に起こっていることについても無関心ではいられなくなるだろう。

ところが、関心を持つことを阻止する動きがある。政治家のポスターを見ていたら「任せなさい」と書いてあった。これを見て、この政治家に任せようなどと思う人はいるのだろうか。任せていいことはない。コロナウイルスについていえば、政治家に任せていれば、たちまち彼らの判断の誤りが自分の生存を脅かすことを知った人は多いだろう。もちろん、これは政府は何もしなくていいという意味ではない。政治家が自助や共助が必要というのはおかしい。公助があって、その上でそれだけに頼るのではなく、あるいは頼れないので、あくまでも自分たちの判断で自分たちの命を守っていくしかない。

専門家の知見は尊重するべきだが、何もかも任せるわけにはいかない。パターナリズムの問題について先に見たが、医療を例にあげるならば、自分の病気や治療方針について専門家に聞かなければわからない。とはいえ、医師がいうことだからといって従うのはおかしい。

リルケの小説にこんな話がある。

ある農夫が、一人で教会を建てていた。仕事はちょうど屋根の木組みを終え、その上に小さい木舞（細長い薄板）を張るところまで進んでいた。奇妙なことに、農夫は何度も繰り返し、教会の上からおりてきては、地上に積み上げられている木舞を長いカフタン服にくるんで一枚ずつ運んだ。農夫は始終梯子を昇り降りしなければならなかった。

イワン皇帝はこの様子を見て、じれったくなり、こう叫んだ。

「愚か者、木舞をたくさん背負って屋根に登れば、よいではないか。その方がずっと手間がかからないだろう」

ちょうど下におりてきた農夫は答えた。

「仕事のことは私に任せなければならない。誰でも自分の仕事のことは一番よく心得ている」（Rainer Maria Rilke, *Geschichten vom lieben Gott*）

さりげなく語られているこの皇帝と農夫のやり取りから、同じようなことは今の時代にも見られることに私は思い当たった。

「誰でも自分の仕事のことは一番よく心得ている」（Jeder versteht sein Handwerk am besten）というのは、日本語では「餅は餅屋」に相当するだろう。

いつかある自動車メーカーの技術者と話をしたことがあった。

「車のことについて俺たちほど知っている奴はいないだろう」

その言葉から、車のすべてを知り尽くしているという誇りが感じられた。車に限らず、何事にも専門家がいるものだ。当然、素人は専門家には及ばない。

今の話でいうと、農夫（専門家）が一枚ずつ木舞を屋根に運ぶことには何かわけがあるはずである。しかし、「効率」こそ重要だと考える皇帝には、農夫のしていることが理解できなかった。皇帝は専門家の領域に口出ししたわけである。

研究・学問は国益と隔絶されるべし

専門家しか判断できないはずのことに、政治家が口を出し決めることは今の時代にもある。コロナウイルスの感染防止のためにどういう対処をするかについては、本来的には専門家しか判断できないはずである。それにもかかわらず、福島の原発事故の時も、専門家ではなく政治家が安全であると判断することが度々あった。専門家の提言でも、自分たちに都合がいい提言は採用するが、政府の考えに反する提言は無視する。もちろん、専門家のいうことが絶対正しいわけではない。専門的な知識がなくても論理的に考えれば間違っていることがわかることはある。だから、専門家がいっているからといって無批判に従う必要はない。しかし、専門家の知見を無視することは、自分の病気の場合は医師の提案する治療方針に従わないとしてもそのことの結末はただ自分だけに降りかかるが、政治家が専門家の知見を無視して独断に走ると国民の生存が脅かされることになる。

政治が学問の自由を侵害しようとすることは今も昔もある。現に今も学問の自由が危うくなってきている。国の政策に反対する学者が排除される。

国は潤沢な研究費を出すべきだが、その研究は国家にとって必要な研究ではなく、人類にとって必要な研究でなければならない。

研究が国益のためにされるということは間違っているのだから、国からの援助が自由に研究をすることの妨げになるのであれば、国からの援助を得てはいけないのである。

三浦しをんの『舟を編む』という小説には、『大渡海』という国語辞書が編み上げられていく過程が描かれている。その中で、国をまとめるために、民族のアイデンティティの一つである言語を統一し掌握するために、国家の威信をかけて編纂された『オックスフォード英語大辞典』や『康熙字典』とは違って、日本には公的機関が主導して編まれた国語辞書が皆無であることが語られている。

『言海』は大槻文彦が生涯をかけて私的に編纂し、私費で出版された。今日も国語辞書は出版社によって編まれている。小説中で辞書を編纂した松本先生はいう。資金が乏しくとも、国家ではなく出版社が、私人が辞書を編纂する現状に誇りを持とうと。

「言葉は、言葉を生みだす心は、権威や権力とはまったく無縁な、自由なものなのです。また、そうであらねばならない」

ギリシア哲学の碩学、田中美知太郎は、一九四三年、岩波書店の薄暗い廊下で、『思想』に掲載される論文「イデア」の校正刷を見ながら、迷っていた。

田中はこの論文の中で、この世のあらゆるものは決してイデアと見なされてはならず、現実とイデアを峻別する必要を説いたが、その関連で、君主を神とすることに批判的な言葉を書いていたのである。これを削除すべきか否か、何度も読み直し、筆を加えもしたが、この文で罪を問われることになっても仕方がないことだと、ついにそのまま出す決心をした。田中はこう述懐している。

「今から考えれば、このようなむずかしい論文が直接検閲にひっかかるようなことはあり得なかったわけだが、当時の切迫した精神的雰囲気のなかでは、誰かほかの人が告発しないとは限らなかった」（『時代と私』）

私はいくつかの本の中でこの田中の論文を引用したことがあるが、田中が怖れたように不敬の意図をこの論文から読み取るということは、検閲者がよほどギリシア哲学に通じた人でなければまずありえなかっただろう。

しかし、その二年前に田中が書いた「サルディス陥落」は「日米戦争当初の赫々《かっかく》たる戦果を皮肉るような意味になりそうだというので」（田中、前掲書）、出版社が自主検閲をして掲載が中止になっている。そんな時代だったのだ。

もっとも、日本学術会議の任命拒否問題を見てもわかるが、「説明できないこともある」といえば何でもできるということになれば、論文や著作が検閲に引っかかった時、その理由を理論的に説明できなくても、ただ出版差し止めといえばいいだけである。こうなった時、どうすればいいのかわからない。このようなことになる前に手を打つしかないだろうが。

政府が学問に介入し、言論弾圧をするのも怖いが、田中がいうように、他の誰が告発するかわからないという不安がいっそう怖い。今の時代もある。どういう学問では駄目だというような明確な基準を打ち出さない（もちろん、そんなことがあってはいけないのだが）ことが、皆が疑心暗鬼になる状況を作り出すことになるのである。

プロの政治家はいるのか

他方、政治にも専門家として素人には入り込めない領域があるはずである。プラトンは政治も一つの技術であり、他のどんな技術にも専門的な知識が必要であるのと同様、政治家になるためにも専門的な知識が必要であると考えた。ところが、プラトンの時代においても既に、政治家には誰でも、つまり格別の専門的な知識がなくてもなれると考えられるようになった。

今日、世襲議員が問題にされることがあるが、政治家に求められる専門知識は「世襲」されないだろう。ユダヤ教の祭司は世襲制だった。祭司の場合は、知識というよりも宗教的な資質が要求されるが、そのような資質は世襲されない。世襲議員も悪いことばかりではないと語っていた評論家がいたが、その理由としてあげられていたことは笑止なものである。世襲議員は代々継承された地盤があるから、週末ごとに選挙区に帰らなくても、選挙に負ける気遣いはない。だから、東京にいて、政治活動ができるからだというのだ。政治家に必要なものは、地縁や血縁、お金などではない。

ローマ皇帝のマルクス・アウレリウスは有能な、賢帝と呼ばれた皇帝だったが、彼が生涯に犯した唯一の過ちは息子に皇位を譲ったことだったといわれる。アウレリウスは自分の子どもがいるのにどうして他の人に皇位を譲る必要があるだろうかと親になった時に考えたのではないかと私は想像するのだが、本当に国家のことを考えていたら自分の子どもを皇帝にしようとは考えなかっただろう。子どもが有能だったら世襲でもいいかというとそれもなかなか難しい問題があるが。

プラトンは、哲人政治論を『国家』の中でソクラテスに語らせている。政治家が哲学を学ぶか、もしくは、哲学者が政治を行うのでなければ、国家に不幸の止むことはないという考えである。プラトンは民主主義が衆愚政治に転落し、もっとも極端な自由からもっとも野蛮な隷属状態が成立すると考え、実際、そのようなことを目の当たりにしたので、哲人政治論に到達したのである。

政治が専門家の独占であるよりは、誰もが自由に政治について論じられることが民主主義のよさだが、プラトンが危惧したことは絶えず起こりうるということは知っておかなければならない。今の時代は誰もが専門家であるかのように政治について論じることが問題なのではなく、専門家であるはずの政治家が専門家とはいえないということが問題である。せめて、自分が政治家であるにもかかわらず、本当は政治について十分な知識を持っていないことを知っている方が、政治について知っていると考えるよりよほど安全なのだが、政治家が政治について何でも知っていると考えることが大きな問題である。

それどころか、政治について何も知らなくても政治家になれると考えている人が多いように見える。新しく就任した大臣が職務に必要な知識をまったく持ち合わせていない。しかも、自分が無知であることを何ら恥じることがなく、政治には知識が必要でないと思っているように見える。官僚の書いたメモを読み上げるしか能のない政治家に政治を委ねていいはずはない。

誰もが政治家を志すということがあってもいいと私は思うが、政治について知識がないのであれば政治家になってはいけない。実務については官僚に任せればいいということなのかもしれないが、国会での答弁を見ていたらまったく話にならない。このようなことを見れば、政治家に任せるわけにはいかないというのが現実である。

専門家も政治家も間違う。専門家でなければ発言できないのはおかしい。感染症については専門的な知識がなければ理解できないことは多い。しかし、それでも専門家の発言や政治家が提言する対策について論理的に考え、是非について判断できないわけではないし、発言してはいけないわけではない。

パターナリズムの問題を先に見たが、ちょうど自分の病気について、医師から一方的に治療方針が決定され、患者がそれに何らの口を挟むことも許されないことがあってはならないのと同じである。自分の身体のことなのだから、可能な範囲で病気について調べ、医師の説明の中で理解できないことや納得できないことがあれば質問しなければならない。

政治家にいわれなくても自分の身は自分で守るしかない。先に見たように、自助や共助を政治家がいうのは間違っているが、政治家に何もかも任せそのために不幸になったといってはいけないのだ。

政治の支配闘争劇に巻き込まれるな

政治家について、もう一点問題にしたいことがある。

「支配者となるべき人たちが権力を進んで求めることがもっとも少ないような国家こそがもっともよく、もっとも内部抗争の少ない状態で治まる」（プラトン『国家』）

今日、支配権力を積極的に求めない政治家がいるとは思えない。プラトンは、先に見たように、政治家が哲学を学ぶか、もしくは、哲学者が政治を行うのでなければ、国家に不幸の止むことはないと考えたが、プラトンの理想国家において哲学者は真理を観照し、哲学的生の至福を知っているので、哲学者にとって政治家になることは「やむをえない強制」によるのである。

「しかし、自分自身の善きものを欠いた心貧しい人々が、善きものをそこから引ったくってこなければならないと考えて公共の仕事に赴けば、よい政治の行われる国家の実現は不可能だ。なぜなら、その場合は、支配の地位が闘争の的になるので、そのような自国内での戦いが自分たちだけでなく、他の国家をも滅ぼしてしまうからだ」（前掲書）

しかし、遺憾ながら、これが「現在の多くの国々」の実情であるとプラトンはいっている。藤澤令夫は次のようにいう。

「そう、そして二千数百年後のわれわれの『現在』の実情でもあります」（藤沢令夫『プラトンの哲学』）

コロナウイルスの感染が広まる中、利益を貪り取ろうとする政治家がいる。国民が感染拡大を恐れ、政府がいうままに「自粛」していた間に、この時期に決める必要がない法案を通そうとする。このような自分の利害にしか関心がない「心貧しい」政治家に国の舵取りを任せていてはいけない。

黙っていることは受け入れること

今の世の中に起こっていることがおかしいと思っても声を上げられないことがある。そんな時にどうすればいいか考えてきた。

原発事故の後間もなく、東電の人は皆頑張っているのだから、感謝こそすれ文句をいってはいけない、政府を信じないといけないという人がいた。今こそ流言飛語に惑わされず、政府のいうことを信じなければならないという人もいた。

時代は巡って、コロナウイルスの感染が広まった時にも同じことをいう人がいた。政府を批判しないで国民が一丸になってウイルスと戦わないといけないというふうにである。

このようないわば上から国民が一丸になることが要請されることによって作られる結びつきは、偽りのものでしかない。

個人間の結びつきであっても、必要であれば相手の間違いを指摘し、自分が思っていることをはっきりといわなければならない。こんなことをいえば相手が感情を害するのではないかと恐れて、いいたいことをいわなければ表面的な関係は損なわれないかもしれないが、そのような結びつきは真の結びつきとはいえない。

不正が行われていればそれを見逃してはいけない。理不尽なことがあれば、それを黙って受け入れてはいけない。黙っていることは起こっていることを受け入れることである。職場においても、三木清の言葉を使うと、社会化された感情に支配されていると、不正を告発する行動に出ることは難しい。

上司がいっていること、していることが理不尽であっても、そして自分だけではなく多くの部下も同じように考えていても、上司に訴えることが憚《はばか》られるような空気があれば、何もいわなくなるのである。空気は人為的に作られるということについては既に見た。

政治家や上司に改善を求めても、それに対してしかるべく対応しないということを続けられれば、何をしてもどうにもならないと失望、あるいは絶望することになる。まさにそれが政治家の狙いである。政治家にとっては国民が何もいわず唯々諾々と従うのが都合がいい。しかし、何もいわなければ現状を肯定してしまうことになるのである。

第4章

怒りを忘れるな

怒りを抑えるのではなく

ここまで読めばもうおわかりだろう。何もしないで黙っていてはいけないのである。黙っていないで何とかしなければならないと思う時に起こる感情は「怒り」である。ただし、ここでいう怒りは私的な怒り、「私憤《しふん》」ではない。私は怒ってはいけないということを長年、書いたり話したりしてきたが、それを、何があっても怒ったりせずにそのものごとを受け入れることが大事だという意味に解する人は多い。

何か問題が起こった時、仕方がないですませてはいけないことがある。

カウンセリングにきた人が自分の身の上に起こったことについて怒りを感じているという時に、そのように怒らなくてもいいとカウンセラーが助言することがある。そのように助言する目的は、カウンセリングを問題の火消しのために使うことである。

例えば、生徒が教師の対応に怒りを感じているという場合、生徒に怒るべきことではないと納得させようとする。

学校側としては問題を大きくしないために、カウンセラーがこのようなカウンセリングを行うことはありがたいことである。もちろん、カウンセラーが学校側につくはずはないのだが、カウンセラーが生徒の怒りの感情は心の問題ではなく、学校の対応によって引き起こされたものであるということに目を向けようとしないので、生徒の側に全面的について学校に対決姿勢を示すというようなことはないだろう。

カウンセラー自身が自分の役割を問題の火消し役だと理解していれば、たとえ学校との利害関係がなくても、学校の問題の火消し役になってしまう。

しかし、怒りの感情を抑えることがカウンセリングの目的ではない。何が起こっても、とりわけ、それが理不尽なことであっても怒りを感じることなくそれを抑えることが大切だというようなことをカウンセラーがいい、来談者が納得してしまうと、そのような仕方で問題が解決することで助かる人がいる。

上司や教師の自分への対応に不満を感じ、そのために心を患《わずら》う人がいれば、必要なことは、上司や教師の対応が適切なものであったかを検討し、それを改善していくことであって、怒りの感情を抑えることではない。

元の問題を絶たなければ同じことの繰り返し

必要なことは、上流をきれいにすることであり、下流をきれいにしても上流の汚れがそのままであれば切りがない。つまり、不満や怒りを感じている人の感情を抑えてみても、上流にある問題がなくならない限り、怒りを感じないわけにいかない問題は何度も起こるのである。

カジノは中国語では「赌场」という。まさに「賭け事の場」である。賭け事を奨励しておきながら依存症を治そうとするのはおかしい。上流を汚しておいて、つまりカジノがあり続ける限り、下流の掃除をしても切りがないのである。

問題を除去できないこともある。死が理不尽であるとどれほど嘆いたとしても、死そのものをなくすことはできないようにである。それでも、何度も見てきているように、死それ自体ではなく、死にまつわる人為的な問題についてはできることがある。医療過誤があった時、自分自身や家族にそれが起こったことはもはやどうすることもできないとしても、同じような問題が今後起こらないためにできることはあるはずである。

カウンセリングの役割は来談者が感じている怒りが正当なものであるのを明らかにすることであって、その怒りを抑えることではない。しかし、目下《もっか》起こっている問題の解決のために、来談者が感じている怒りが問題の解決に繫がるかどうかは問題にしなければならない。

怒りの区別

何かが起こった時に、それが理不尽であれば黙っていてはいけない。しかし、黙っていないで何とかしなければならないと感じる時、私憤によっては問題を解決することはできない。

何とかしなければならないと思った時に起こる感情、問題解決に必要な感情は、「私憤」ではなく、「公憤《こうふん》」である。私的で衝動的、感情的な憤りは無益だが、社会正義に照らし、間違っていることは間違っていると主張することは必要であり、そうしなければならないと思う人が抱く感情は「公憤」である。

私憤は対人関係においてまったく必要がないものである。「私憤」がどのようなものであり、その感情をどうすればいいのかを最初に考えてみよう。

小学生の頃教室ですわっていたら、いきなり同級生に殴られかけたことがあった。一体その時に何があったかは今となっては覚えていない。殴られたのではなかったかもしれないが、私は怒りを感じ腕を振り回してやり返そうとした。しかし、私の腕は相手の顔には触れることなく未遂に終わった。これは私が誰かに暴力を振るおうとした最初で最後のことだった。未遂に終わったとはいえ、この後私はひどく自分が恥ずかしいと思った。

とはいえ、何の理由もないのに殴られかけたということは、その時には言葉を思いつかなかったが、私の尊厳を傷つけられたと思ったのだろう。このようなことに対して黙っていてはいけないと今も思う。ただし、殴られたからといって殴り返すという方法が適切かどうかは考えなければならない。何もなかったことにして、怒りを感じる必要はないと納得するというのでは、問題の根本解決にはならない。そんなことをカウンセリングで助言しても、「私さえ我慢したらいいのですね」と引き下がった人は、また別のことで問題にぶつかった時も我慢するしかない。

怒りで勝っても解決はしない

怒りの感情はある目的のために創り出される。あるいは、怒りが人を動かすのではなく、怒りという感情を使って何らかの目的を達成しようとするのである。「ついカッとして怒った」といいたい人はいるだろうが、そのようにいう人は自分が怒りの感情を創り出したことを認めない。叱ることと怒ることは違うという人がいるが、自分は感情的になっていないと思っているだけで、実際には怒っている。感情的になることを認めたくない人は、怒りを爆発させた時に、本当は自分は感情を抑えられるが、「ついカッとして怒った」ということで自分をいい人に見せたいのである。

大きな声を出して怒る人は、まわりの人を自分の思う通りに動かすために怒るのである。問題は、怒りによる問題解決には即効性はあるが有効性はないということである。怒られた人は恐れをなしてそれまでしていたことを止めるかもしれないが、また同じことをする。もしも怒りが問題を解決するための方法として有効であるならば、一度怒られた人は二度と同じことをしないはずである。

しかし、そうはならずにまたすぐに同じことをしてしまう。実際には、本当に小さな子どもでなければ、なぜ自分が叱られたかがわかっているはずである。しかも、叱られるという形でも注目されようとしているので、この場合も、たとえ一時的に問題が解決したように見えても、また同じ問題が起こる。

自分が正しいと思っていると、たとえ感情的になっていなくても、相手との権力争いが起こる。権力争いになると、問題の解決は容易ではなくなる。

権力争いになると問題を解決することはもはや重要ではなくなり、自分が正しいことを相手に認めさせることだけが重要になる。アドラーは次のようにいっている。

「敵がいなければ怒りがないように、この情動は勝利を収めることだけを目標として持っている。われわれの文化においては、このような大きな動きによって自分を押し通すことは、好まれ、なお可能な方法である。このような方法で自分を押し通す可能性がなければ、怒りの爆発はずっと少ないだろう」(『性格の心理学』)

自分を押し通して勝利を収めることと問題を解決することは別である。相手に勝つために怒りを使うのである。このようなやり方が好まれるのは今の時代も同じだが、怒りを使って勝つことは「可能」であっても、問題解決には繋がらない。

問題を解決することを目指し、問題解決のために何をしなければならないかを言葉で説明するのであれば、怒りの感情は必要ではなくなる。問題解決を目指す人は、自分が間違っていることがはっきりすれば、それを素直に認められるはずであり、間違いを認めたからといって、自分が負けたとは思わないだろう。

怒りの感情が起きる時の対人関係の構えは縦である。怒りの感情は自分は上で相手は下であることを明らかにするために使われるので、たとえ相手がいっていることが正しくても、認めると負けることになってしまう。

また、怒りの感情を使うことで、まわりがその怒りの感情を使う人に従ったように見えても、納得して受け入れたわけではないので、反発する機会を窺うだろう。

怒りは人と人とを引き離す劣等感

怒りの問題は二つある。

まず、それが劣等感であるということである。

「自分の意志を押し通す他の可能性を断念したか、より正確にいえば、そうするための他の可能性があることを信じていないか、あるいは、もはや信じない人だけが獲得することができる強化された動きである」（前掲書）

そのような人は、他のやり方を知らない。言葉を使って説明することは怒りのような即効性はない。自分には時間をかけて論理的に説明する力がないと思っているのであり、これが劣等感である。怒るのはこの劣等感を隠したいからである。

ただし、アドラーがいっているのとは違って、自分の意志を押し通すために怒りを使う以外の方法があるわけではない。怒りを使うのでなくても、意志を押し通すのは間違いである。

次に、怒りは、「人と人とを引き離す情動」であることである（前掲書）。怒ると、人と人との間に心理的な距離ができる。

なぜ怒りには即効性があっても有効性がないのかといえば、叱られた人は自分を叱った人を近くに感じることができないからである。

親が犯す過ちは、子どもは親からの援助が必要なのに、叱ることで親と子の心理的な距離を遠くしておいてから子どもを援助しようとすることである。しかし、親子の間に心理的な距離があれば、子どもは親がいうことが正しくても聞く耳を持たないことになる。親のいうことを聞けば負けると考えるからである。

子どもの成績が振るわないというようなことであれば、子どもが自分で解決するしかなく、親ができることは何もないが、本来、子どもが自分自身で解決しなければならないことであっても、親の援助が必要なことはある。しかし、親と子どもとの間に心理的な距離があれば、親が子どもに援助しようと思っても子どもが拒むだろう。こんな成績では駄目ではないかというふうに頭ごなしに叱りつけてしまったら、子どもは親のいうことに耳を傾けなくなるだろう。

さらに、子どもの問題ではなく、親と子どもの間に何か問題が起こった時には、親子が協力し話し合って解決することが必要なのに、協力関係を築けなくなるほど、子どもに怒って親子の距離を遠くしてしまうと、問題の解決は絶望的に困難になる。子どもは親から一方的に責められているように感じるからである。たとえ、怒りの感情が起きなくても、自分が正しいと思っている限り、相手との距離は近くはならない。勉強の例でいえば、親が子どもは勉強するものだと思い、成績が振るわない子どもを叱ってみても、子どもは親にいわれなくても自分でも勉強するべきだと思っているので、親がたとえ冷静に勉強しなさいといってみても、反発するばかりである。

公憤――知性的な怒り

正義に照らし、間違っていることは間違っていると主張することは必要である。その時に必要なのは、感情的な「私憤」ではなく、知性的な「公憤」と呼ばれるものである。

これは、人間の尊厳、人格の独立性、価値が脅かされ、侵害される時に感じる怒りである。パワハラやセクハラ、人権が脅かされる場合などがそれである。法治国家であるはずが、人治国家であることを政治家が目指しているというような時にも、そのことに怒りを感じなければならない。

三木清はこれを「名誉心からの怒」と名づけるが（『人生論ノート』）、感情というよりは知性である。それはただ自分の名誉、利害を守るためのものではない。根底にはこの怒りには正義感がある。自分の名誉のためだけではなく、同じ立場に置かれたすべての人は怒りを感じなければならないと思うのである。

「正義感がつねに外に現われるのは、公の場所を求めるためである。正義感は何よりも公憤である」（「正義感について」『三木清全集』第十五巻）

これは間違っていると思っても（そう思うことが公憤を持つということである）、それを外に表せなければ意味がない。しかし、そうすることが容易でないことはこれまで見てきた通りである。どうすればいいか、さらに考えよう。

知性的な怒りは伝播する

三木は「流行」について、次のようにいっている。

「習慣が自然的なものであるのに対して、流行は知性的なものであるとさえ考えることができるであろう」(『人生論ノート』)

ここで三木がいう流行とは新しいことを学ぶことである。

例えば、パワハラに対して抗議の声を上げることは、「知性的な怒り」であるといえるだろう。

かつては職場で上司が部下を叱りつけることは当たり前のように行われていた。上司が部下の失敗を指摘して指導するのではなく、一方的に怒鳴ったり、土下座をさせたりしたのだ。

今はこのようなことが表沙汰になれば、パワハラだと社会的な非難を浴びることになるが、今でもパワハラは認めないとしても大きな声を出して指導することは必要だと思う人はいる。かつて自分が若かった時は上司から叱られたが、叱られることで伸びたという人はいる。ある相撲の力士が大関に昇進した時、私が今日あるのは竹刀で叩いて鍛えてくれた親方のおかげだといった。

しかし、その親方は知らないのだ。他の同期の力士はそのような指導を受けることで勇気をくじかれ、早々に現役を引退したことを。もともと力があったからこそ、多少叩かれ、ひどいことをいわれても力を伸ばすことができた。もしも力がなかったらたちまち相撲を続けることはできなくなっていただろう。反対に、適切な指導を受けていたら、もっと早くに力を発揮できただろう。

あるスポーツコーチは、選手に嫌われてもいうべきことはいわなければならなかったとパワハラ以外の何物でもない暴言を吐いて指導していた。なぜそのような目に遭っても選手が抗議しなかったかというと、コーチに従って練習すればいい結果を出せるからである。だから、コーチのパワハラを甘んじて受け続けたのだ。

しかし、結果を出しさえすればコーチが何をしても許されるのかというとそうではない。人間の尊厳を傷つけられるようなことには断固抗議するべきである。

パワハラは駄目だという考え方は伝統的な習慣ではなかった。しかし、パワハラという言葉が流行することによって、それが駄目だという考え方も広まったのである。それが上司は部下を叱るものだという習慣を打ち破った。

職場以外での付き合いについても、流行が習慣を変えることができる。転勤や単身赴任についても問題にされ始めている。子どもが生まれたばかりなのに、また新居を建てたばかりなのに転勤を命じるのはおかしい。

三木がいうような知性的な流行の始まりは自然発生的なものではなく、誰かがおかしいのではないかと声を上げることで伝わっていくのである。

孤独を恐れるな

孤独を恐れる人は、多数者の考えに流されず他者の期待に反して行動する勇気を持てない。

他の人が皆上司に従順なのに、自分だけが違う行動をすれば孤独になるのではないかと恐れるのである。皆が楽しみにしている行事に自分だけが参加をしないといえば、上司の覚えがよくなくなるとか、仲間から外されるのではないかと恐れる。

今日は仕事を早く切り上げて帰ろうと思っても、他の人が仕事をしているとなかなか先に帰るとは言い出せないということもあるだろう。

上司が部下に対して理不尽な要求をしたり、上司の言動が不正であることが発覚したような時にも、それを上司に訴え改善を求めると職場で自分の立場が悪くなって孤立すると考えて黙ってしまうことがある。

このような意味で孤独になることを恐れるので、もしも自分が声を上げると職場の和を乱すのではないかというようなことを考えて黙ってしまうのである。しかし、声を上げた時、実際どうなるのかはわからない。

偽りの結びつきを打破する

どのような共同体であれ、誰も何の疑問も抱くことなく同じ考えを共有していれば、その共同体には一体感、連帯感が生じるかもしれない。子どもが親に反抗せず、親に理想的に従順であれば、親子の間に軋轢《あつれき》が生じることなく、親子関係は安定するようにである。

しかし、表面上は皆が仲のよい共同体は、偽りの結びつきでしかない。時に、この結びつきが人為的に作り出されることもある。他の国家に対してであれ、ウイルスに対してであれ憎しみを煽ることで、国民の間に一体感を作り出す。地震などの災害が生じた後でも国民が一丸になって国難を乗り切らないといけないと勇ましく叫ぶ政治家がいる。

スポーツもまた同じ目的のために使われる。オリンピック憲章に反することを知らない政治家たちが国威発揚のためにオリンピックを利用する。

三木は『語られざる哲学』の中で、イエスの言葉を引いている。

「われ地に平和を投ぜんために来れりと思うな、平和にあらず、反って剣を投ぜんために来れり。それ我が来れるは人をその父より、娘をその母より、嫁をその姑嫜《しゅうとめ》より分たんためなり」

これは『マタイによる福音書』から引かれたものである。「平和」ではなく「剣」を投じるため、親子、嫁姑を分かつため、この地にやってきたとは何と激しい言葉か。

子どもが何の疑問もなく親に従っていれば、表面的には何の問題もないよい親子に見える。しかし、子どもが親から、親が子どもからどう思われるかを気にして、いうべきことがあってもいえなければ、よい関係が築かれているように見えても、この親子は真に結びついているとはいえない。

反対に、自分の考えを率直に、親の気持ちを忖度《そんたく》せずにいえば、関係がギクシャクするかもしれない。それがイエスのいう「剣を投じる」ことであり、親と子どもとの結びつきを「分かつ」ということの意味である。

表面的には仲がよくても、結びつきが真のものになるためには、このような過程を経なければならない。

親子関係だけでなく共同体の中にあって、たった一人でもそれは違うのではないかという人がいれば、その人によって剣を投ぜられた共同体は一体感、連帯感を失う。しかし、孤独を恐れ黙ってしまうと、職場の悪も社会の悪も蔓延《はびこ》ることになる。

このような時、社会化された感情に動かされているのである。しかし、その場の空気に左右されないことが必要である。

「孤独は感情でなく知性に属するのでなければならぬ」（『人生論ノート』）

先にも見たように、知性は感情のように煽ることはできない。なぜなら、知性は個人の人格に属するものだからである。

たとえ自分だけが周囲と考えを異にしても、社会化された感情に動かされることなく、自分の人格、知性、内面の独立を守り孤独に耐えなければならない。

「すべての人間の悪は孤独であることができないところから生じる」（前掲書）

真に怒ることについて、三木は次のようにいっている。

「孤独の何であるかを知っている者のみが真に怒ることを知っている」（前掲書）

孤独を恐れる人は、職場の不正があるのを知っていても、それを指摘しない。そうすることで職場で孤立することを恐れるからである。

上司の不正を暴こうとすれば、職場の和を乱すと批判されるかもしれない。不正を告発すれば誰からも支持されないかもしれない。孤独になることを恐れて何もしないで、自己保身に走り不正を見逃したり、不正に加担したりすれば孤独にはならないが、真に怒るために孤独にならなければならない。

このような意味の孤独は、先にも見たように、人の中にあって注目されたいのに注目されないという孤独感や、一人でいる時に感じる寂しさとは違う。多分に感傷的で、時に、三木の言葉を使うならば、「美的な誘惑」「味《あじわ》い」がある孤独ではない。三木がいうように「孤独のより高い倫理的意義に達することが問題であるのだ」（前掲書）。

孤独になる勇気が他者との結びつきを生む

真の怒りは、感情というよりも、むしろ知性に属するのである。たとえ自分を支持する人が誰一人おらず孤独になったとしても、そのように孤独になることに「倫理的意義」があると知的に理解できる人であれば孤独を恐れることはない。

職場においても、家族と同じく、真の結びつきができるためには、誰も何もいわなければ表面的には波風が立たないかもしれないが、そのような結びつきに一石が投ぜられなければならない。

自己保身に走り不正に目を瞑《つむ》ることで最終的に昇進することを願っているような人は、自分のことにしか関心がない。そのような人は信頼を失うだろう。自己保身に走り不正に目を瞑ることを支持する人も中にはいるかもしれないが、すべての人が支持するとは思えない。

人はこのような状況の中で本当に孤独になるのだろうか。

共同体のことを考え、たとえ自分にとって不利益になることが予想されてもいうべきことをいえること、するべきことができる人を、たとえ自分自身ではできなくても、あるいは、自分ではできないからこそ支持する人はいるはずである。

そのような人がいると信頼することは容易なことではない。人と人とが結びついていることが「仲間」(Mitmenschen) であるということの意味だが、誰をも最初からそう思えるわけではない。

自分が上司や職場の不正を告発することを他の人が支持してくれないどころか、不正を告発しようとしていることを上司に告げ口する人がいるかもしれない。田中美知太郎が、検閲を恐れるだけでなく、誰かが告発することを恐れたことは先に見た。

そのように疑心暗鬼になっている人たちは他者を「敵」と見なしている。他者は誰も信じられない。そう思った人は孤独になる勇気を持てない。

それでも、この段階を経て、自分を支持する人がいるかもしれないと思った時、他者と結びつくのである。

仲間を信頼しよう

三木清は次のようにいっている。

「アウグスティヌスは、植物は人間から見られることを求めており、見られることがそれにとって救済であるといったが、表現することは物を救うことであり、物を救うことによって自己を救うことである」(前掲書)

人知れず花が咲いているのを見ると、もしも私がここで足を止めこの花に気づかなかったら、誰にも知られずに散ってしまったかもしれないと思う。

ここで三木は植物との話をしているが、物いわぬ、あるいは、物のいえない人を植物に喩《たと》えているように読める。ここで三木が「物いわぬ、あるいは、物のいえない人」と書いているのを思って読むと、過去に虐《しいた》げられ自己の尊厳を傷つけられ、今は生きてはいないので声を上げられない人のことを私は思う。三木自身、治安維持法違反の嫌疑で逮捕され、戦後獄死している。三木がもっと長く生きていれば、いいたかったことは多々あったに違いない。

声を上げなければならないのにそうすることができない人に代わって声を上げる。そのことが自分を救うことになる。社会の理不尽、職場の不正に自らが声を上げる。自分自身でそれができない人に代わって声を上げる。そうすることは一時的に共同体に「剣」を投じることになっても、真の結びつきを作り出す。

先に引用した箇所の直前で三木は次のようにいっている。

「物が真に表現的なものとして我々に迫るのは孤独においてである。そして我々が孤独を超えることができるのはその呼び掛けに応える自己の表現活動においてのほかない」（前掲書）

孤独である覚悟ができた時に声を上げることができる。自分が当事者でなくても、起こっていることを決して自分とは無関係のこととは思わず、ものいえぬ人に代わって声を上げることができる。

自分自身がここでいわれている「ものいえぬ人」であれば、たとえ自分が声を上げられなくても、自分に代わって声を上げる人がいることを信頼しなければならない。自分が反対に声を上げられない誰かの代わりになって声を上げようと思えるとしたら、他の人が声を上げることを信じられるだろう。

孤独であることを恐れなければ、かえって孤独ではなくなる。真に怒る人は最初は孤立していると感じることはあっても、孤立無援であり続けることはない。必ず支援する人、連帯する仲間がいる。

孤独であることの大切さを真に理解している人同士であれば連帯できる。ここに偽りのではない真の結びつきが成立する。三木はこのことを「愛」という言葉で表現している。

「孤独は最も深い愛に根差している。そこに孤独の実在性がある」（前掲書）

分別しない

他者に共感できる、つまり、他者の立場に自分を置くことができれば、他者を断罪することはできないはずである。無辜《むこ》の人が殺されるという事件があった時、多くの人は自分はそんなことは決してしないと殺人を犯した人を批判する。

もちろん、どれほど憎いと思う人がいたとしても、人を殺したりはしない。しかし、同じような状況に置かれた時に自分ならどうするだろうかと殺人を犯した人の立場に身を置いて考えると、決して自分は殺人をしないとは言い切れないだろう。

仏教では「分別《ふんべつ》」という言葉を使うが、自分と他者を分別してはいけないのである。両親に愛されすくすくと育った子どもが突然非行に走った時、「これが自分の息子だとは思えない」といった父親の話を聞いたことがある。親なのに子どもを受け入れることができないのは悲しいことである。この親は子どもを分別したのである。

あらゆる争いは自分と他者を分別することに起因する。相手をそのまま受け入れる心（大悲《だいひ》）が働いている場を仏教では「浄土」という。もとより、この世界で浄土を実現することは難しい。

先に見たように、人と人（Menschen）とは結びついている（mit）のであり、対立しているわけではない。人と人とは「仲間」（Mitmenschen）であるという意味である。

この「仲間」は自分と考えを同じくする仲のよい人だけではない。自分と考えを同じくする人と結びつくのは容易だが、自分と相容れない考えを持っている人や、殺人者をも排除せず仲間と見ることは容易ではない。

アドラーは善悪の裁判官になる人は虚栄心があるという（『性格の心理学』）。そのような人は職場や社会の正義に関心があるのではない。自分が正しいと思うことで他者よりも自分が優れていると思いたいのである。

しかし、自分も同じ状況にあったら、はたして不正を告発できただろうかと考えなければならない。上司の言いなりになった人を責めるのは簡単だが、自分が同じ状況で上司に背《そむ》くことはできただろうか。おそらく、私も何もできなかっただろう。そう思った時、人は裁判官として分別することを止める。

このようなことは容易ではないが、そのような人をも仲間に含めた共同体こそ「浄土」である。このような人と人との結びつきが真の結びつきになる。

怒りは人を結びつける

個人的な怒りは人と人とを引き離す。しかし、公憤はむしろ人と人とを結びつける。それは先に見たように、感情というよりは知性である。この知性によって、どうすることが善なのか、あるいは悪なのかを判断することができるのである。

公憤がこのようなものであれば、私憤を感じた時と同じように怒りを他者にぶつけてみても甲斐はない。それは感情ではないのだから、ぶつけることもできない。

誰かが間違ったことをしたからといって怒りをぶつける人は他者を「分別」する。自分は決してそのようなことはしないと、自分を罪を犯した人よりも上に置く。分別はあらゆる争いの原因である。争いはどちらが正しいかを明らかにするのが目的だが、必要なことは争いではなく問題の解決である。

理不尽な現実を目にした時に必要なのは、怒りをぶつけることではなく理性的に対話をすることである。

第5章

対話が世界を変える

対話とは何か

最後にここで再び対話について考えることになった。不正が行われたり人間の尊厳が傷つけられたりするようなことがあった時に、それに対して何もいわないのではなく、「公《こう》憤《ふん》」としての怒りを向けなければならないことを見てきたが、その怒りは感情的な怒りではなく、実際には言葉を使って主張するということである。しかも、その言葉による主張は一方的な訴えであってはならない。こちらは論理的に主張しなければならないが、相手の主張も聞き、話し合いを、「対話」をしなければならないということである。

問題は、この「対話」がどういうものかが理解されていないことである。いつか『対話の復権』という題で本を書こうとしたことがあった。しかし、復権という以上、対話がきちんと行われていた時があったのでなければならないが、これまで対話をすることで問題を解決することはなかったのではないかと編集者から指摘され、この題が却下されたことがあった。

しかし、対話がきちんとなされていた時代がなかったとしても（いつの時代も戦争が絶えなかったのはそのためだ）、その必要を訴えてきた哲学者はいた。対話によらず力で相手を抑え込むというようなやり方が主流だったとしても、現状を追認してしまえば何も変わらない。どうすればいいのか、たとえ実践は困難であっても、問題解決の理想を知ることが現実を変える一歩になる。

「対話」の原義は「ロゴスを交わす」（ディアロゴス）ことである。そしてこの「ロゴス」は、「言葉」であり、「理性」という意味でもある。思考も自分が自分を相手に行う討論であり、それが外化した形が対話である。内的なものであれ、外的なものであれ、最終的に、何か結論に達することもある。そうならないこともある。ともあれ、対話は本来的に対立するものである。

アルキビアデスが次のようにいっている。

「ソクラテスは、自分には長い話し方は苦手だということを認め、プロタゴラスに譲っているのです。しかし、問答によって対話することができ、言葉をやりとりすることができるという点にかけて、もしもこの人が誰かに一歩を譲るというようなことがあれば私は驚くでしょう」（プラトン『プロタゴラス』）

同じ『プロタゴラス』には、「言葉を短く区切ってやりとりするというあの厳格な方法」という表現もある。これと対照的なのは、一つ問いをかけられるたびに、長広舌《ちょうこうぜつ》を振るい、討論を逸らせて答えを与えず、何の話か忘れてしまうまで話を引き延ばすような方法である。聞かれもしないことを長々と話して質問をはぐらかす政治家のやり口そのものだ。ソクラテス自身は相手がどれほど長く話しても話の内容を忘れたりしないし、どちらのやり方でも話し合いができた。

プラトンにとって言葉（ロゴス）は、本来、対話（ディアロゴス）的なものだった。他者と話す時だけではなく、心の内なる対話である思考の場合は、語り手が同時に聞き手として対話をするのである。思考している魂は、魂が自らに対してたずね、それに答えたり、また、肯定したり否定したりして対話をしている。そして、魂が同じことを主張し、分裂しなくなった時に、判断が下されたと考える（プラトン『テアイテトス』）。言葉は、このように始めから対話（ディアロゴス）的であって、対話的でなければ言葉とはいえないのである。

言葉の使い方がおかしい現代

現代の日本社会においては、対話といえる言葉のやりとりがされていない。政治家の発言を聞いていても、事実と意見の区別がついていない。客観的判断と願望の区別がついていない。コロナ騒動の折も「私はコロナ対応には遅れがないと思う」というべきところを「コロナ対応にはまったく遅れがない」と断言したり、「東京オリンピックは開催します」という言葉を、開催できる明確な見通しがないのに何度も耳にしたりした。先に、会見で政治家が「この後の日程があるから」と追加質問を拒否することには触れた。願望や意見など、主観的な思いを言い放って終わる。そもそも質問に答えない。答えられないというよりは、逃げているのである。そのような一方的な答えに対して、今の発言は質問への答えになっていないとすら誰も指摘しない。最初から対話が成り立つ余地はないのだ。

プラトンは、思考は魂が自分自身を相手に声を出さずに行う対話であるという（『ソピステス』）。プラトンは、ソクラテスから、そのような内的対話を外化し、登場人物間の論争の形に構造化したものとして対話篇という形式を受け継いだと考えることができる。

プラトンは、このような対話のあり方を「ディアレクティケー」と呼び、ただの会話や演説である「レートリケー」（レトリック、修辞法）と区別した。それは話者が一方的に長く話す、修辞を交えた言明ではなく、対話者同士が相互に「はい」「いいえ」を確認しながら、一歩一歩議論を重ねていくものということができる。

この方法で対話を進めれば、互いに相容れない立場にあっても、相違点は実際にはあまり多くはなく、多くの点では考えが一致していることがわかってくる。そこで同意を重ねているうちに、最初の立場を覆さざるをえなくなることもある。そうなっても、この方法によれば、最初の立場を放棄することはたやすいだろう（『国家』）。

現代人は、プラトンが対話についていっていることを理解し、対話によって問題を解決していかなければならない。

ロゴスへうつす

『パイドン』では、感覚的事実の中での探求とロゴス〔言葉、論理〕の中での探求が対比されている。

「事物の考察に失敗した後で私は思った。日食の際、太陽を観察し研究する人たちと、同じような目に遭わないように気をつけなければならない、と。そういう場合人は、水やその他それに類するものに太陽の姿を映して見るようにしなければ往々にして目を損ねるからである。何かそれと同じようなことを私は考えたのだ。即ち、事物を肉眼で直視したり、それぞれの感覚で直接捉えようとすると、精神〔魂〕がすっかり盲目になってしまうのではないかと恐れたのである。そこで私は、〔直接見るのではなく〕ロゴス〔言葉、理論〕に逃れて、事物をその中で考察しなければならないと考えた」〔『パイドン』〕

プラトンは、このように事物を直接見るのではなく、それをロゴスの中に見なければならないことを明らかにしようとしている。見たままがそのまま真実ではないからである。事物を直接感覚で捉えようとすると印象があまりに強烈なので欺《あざむ》かれる。また、一時の感情に流されることもないように、言葉で冷静に吟味しなければならない。

この比喩には問題があって、次のように注意されている。

「おそらく私のこの比喩は、ある意味で適切ではないだろう。なぜなら、事物の真相をロ

ゴスのうちに考察する者が、事物の影を見ることに近いというようなことには、私はまったく同意しないのだから」（前掲書）

今現に見ているものがすべてである、ものは直接見れば十分であり見られた通りにあると考える人は多い。その上、ロゴスの中に見るというようなことは、余計なことであり、右の引用の言葉を使えば「事物の影」を見るようなことであり、影ではなく直接見ればいいではないかと考えるのである。

このように考える人たちは、勇気や美などについて「何であるか」と問われても、それに答えることは難しいとは考えない。勇気や美についてのこれやあれの事例をあげればよいと考えるからである。このような方法で得られた答え、即ち、経験的に得られた答えは、たまたまある場面では有用かもしれない。しかし、これは「知」ではない。なぜなら、なぜある場面で使われた方法が有効であったかを説明する（ロゴスを与える）ことができず、他の人に教えることもできないからである。私は長年カウンセリングをしてきたので、相談を受ける時に、話を理解してもらうために、具体的な事例をあげることはよくあった。私自身の経験を話すこともあった。問題は、それはこの「私」には当てはまっても、誰にも必ず当てはまるとは限らないということである。事例をあげることで一般的な原理を明らかにしない限り、子育てを例にすれば、私と私の子どもの間ではうまくいったことでも、来談者の親子には通用しないことはある。

今自分が見ているものがすべてでは「ない」と考える時、あるいは、今見ているものはすべてではないが、その部分で「ある」と考える時、もはやものを直接見ているのではなく、ロゴスの中に見ているのである。「かくてわれわれは自分がただ直接に見ているだけのものを越えなければならなくなる。そしてかく越えさせるものがすなわちロゴスなのである」（田中美知太郎『ロゴスとイデア』）

見られたものが「ある」ということ、またそれらが互いに「異なる」ということなども、直接見られたことではなく、人が見られたものに付け加えて考えたことである（プラトン『テアイテトス』）。

ロゴスで捉える真実

考えている時は、何らかの表象を思い浮かべてそうしているという人は多いだろうが、誰もがそうではないだろう。絵を描きながら考える人がいるが、そこに描かれた線や丸、三角形や四角形が目に見えているわけではない。忘れてしまっていた人の顔を突如として思い出すことがある。そんな時はたしかにその人の顔を思い浮かべているが、その人のことを考えている時でも、対面している時と同じように顔や表情を思い浮かべているわけではない。それどころか、今し方別れたばかりの人の顔ですらはっきりと思い浮かべることはできない。

デカルトは千角形について、想像（imaginatio）の助けを借りずに、知性（intellectio）によって理解できるといっている（*Les Méditations*）。三角形であれば、その形を思い浮かべることができるが、千角形についてそうすることはできないだろう。むしろ、何のイメージも思い浮かべることなく、千角形について、それが千の辺を持つ平面図形であることを理解できるのである。

何か問題が生じた時、弁護士やカウンセラーなど、第三者が相談にあずかることがある。裁判やカウンセリングがその例である。これらの場合は、当事者は直接見聞していない裁判官、弁護士、カウンセラーに事情を説明しなければならないし、弁護士、カウンセラーは自分が直接見聞していないことについて理解し、弁護士の場合であれば、被告の行為の正当性を、あるいは無実であることを裁判官に説得しなければならない。裁判官も自分が直接には経験していないことについて、弁護士や証人の発言が正当か判断しなければならない。いうまでもなく、自分が直接に経験したことしか確かなことはないという考えに立てば、このようなことはそもそも不可能である。

これまでのところで、思考は自己内対話であり、直接の見聞なしに可能であることを見た。このことに問題がないわけではない。自己内対話における言葉が状況や事物からの直接の接触がないことに伴う問題である。裁判のケースを考えると、裁判においては、それに関わるほとんどの人が、直接の見聞なしに話を聞き、それが真実であるかどうかを判断しなければならない。そこで、直接見聞していないことをいいことに、真実を歪めるべく裁判官の説得を試みる人もあるだろう。そのような説得に欺かれないために必要とされたのが、弁論術（ディアレクティケー）だった。この技術は、自分では何も知らないことについて、やはり何も知らない無知な人を説得するものであるとソクラテスはいっている（プラトン『ゴルギアス』）。

こんなことがあるからといって、やはり直接見ていることが、真実を知るために必要であると考えることは、またもや感覚主義的偏見である（田中、前掲書）。法廷における証言者が現場に居合わせていたとしても、時間の経過と共に証言内容が変わっていき、いかに当てにならないかはよく知られている。裁判官は、自分では見聞きしていないことについて、さまざまな人によって語られることの中に真実を見て取ることが必要となる。これはロゴスによるのである。

もしも直接の見聞が必要であるということになれば、当事者しか判断できないことになる。私は長くカウンセリングをしてきて、第三者が介入しなければ問題の解決は難しいケースを見てきた。利害が絡んでくるので、当事者同士で話し合おうとしても、冷静に考えることが困難になっているからである。

例えば、非常に独占欲の強い女性に対して、その女性とは利害関係がないカウンセラーが、人は自分を自由にさせてくれる人をもっとも愛するものだといえば納得するかもしれないが、同じことを当事者である男性が女性にいえば男性が女性に無関心であることを正当化する発言であると解されることになる。

仮説合意による対話を経て事実をつかむ

しかし、他面、介入する第三者が優れていなければ、事態がいよいよ悪くなるというのも本当である。そこでプラトンは、第三者の介入なしに当事者だけが一問一答を重ねることで決定に到達する方法として、ディアレクティケー（問答法、対話の技術）を提案したのである。

「お互いに相手のいうことに同意（ホモロゲーマ）しながら考察を進めれば、われわれは自分たちだけで、同時に裁判官と弁護人になれるだろう」（『国家』）

こうして対話は、第三者の介入なしに一つ一つの論点について、終始両者の合意によって進められ、問答を通じてロゴス的に解決される。しかし、この場合、両者がたとえ利害関係があっても、あるいは、あればなおさら、対話にはロゴス以外のものが混じってはならず、対話は冷静に進められなければならない。対話にロゴス以外のものが混じってはならないということについては後に考察する。

また、対話は両者の合意によって進められるが、最初の出発点が確固としたものでなければ、言葉だけのものになり、プラトンがいう「夢の中の必然性」というべきものになってしまう（前掲書）。たとえ全体が整合的で必然的な体系をなしていても、出発点（プラトンは「真実在」という）が根拠づけられていない。プラトンの表現では、実在について夢見ているが、醒めた目で実在を見ることはできない。出発点に自分が本当には知らないものを立て、それを出発点として結論に達し、その過程に首尾一貫性があるとしても、それだけでは知識にはならないのである。多くの夢は荒唐無稽だが、たとえ首尾一貫性があっても、目が覚めればただの夢でしかない。

さらに、対話は、遊技的な競技問答（エリスティケー）ではない。今ならディベートに相当するだろうが、結論はどちらでもいいわけではない。無論、対話の進行で、最初の考えを捨てることになることはあるが、ディベートのようにどちらの考えを持ってもいいわけではない。

ここでは、出発点と途上において対話者のする合意は、仮説（ヒュポテシス）であって、絶えずこれを吟味していかなければならないことに注意したい。そして、この仮説をより確実なものにしていくために合意されたことであってもなお仮説と見なすことは、ソクラテスが哲学の出発点と見なした無知の知に通じる。吟味しなくなれば仮説は「仮」説ではなくなるのである。

対話とレトリックの区別

日食を直視すると目を損ねるので水や他のものにうつしてその中で観測しなければならないように、真実はロゴスにうつして吟味しなければならない。そうしなければ、強烈な印象によって欺かれることになるからである。

レートリケー（レトリック）においては、真実かどうかではなく、どんな考えであれ説得することが重要である。説得のためにはロゴスではなく、感情が使われる。

言葉を巧みに操って相手を、また聴衆を説得することを目的にするレートリケーは対話と区別しなければならない。

ソクラテスの有罪が確定した後、量刑が決められる時に、ソクラテスが子どもを登壇させるなどして裁判官たちの情に訴えるというようなことをしなかったということについては先に見た。

真実を語ることだけを考えたソクラテスには、そのようなことをしたり、言葉巧みに説得する必要はなかったのである。説得するために美辞麗句で飾られたような言葉を使わなかった。

しかし、説得しようとする人は、理性（ロゴス）ではなく情に訴えようとする。そのためには、聴衆の顔色を窺い、その場の空気を読まなければならない。

プラトンが、既に紀元前四世紀に、現代の政治において顕著に見られる「劇場政治」（テアトロクラティアー）について論じている（『法律』）。劇場政治においては、人々はおよそソクラテスが自分は何も知らないといったのとは違って、万事に関して知があると思っていて、一切は聴衆の拍手喝采によって決まる。そのような有様を、プラトンは劇場になぞらえたわけである。

しかし、喝采されるものが正しいとは限らない。いつの時代もデマゴーグ（煽動政治家）が現れる。彼〔女〕らは論理（ロゴス）を用いず、情に訴える演説をして、人心を惑わせて、これを支配しようとする。

デマゴーグでなくても、一つの分野に秀でているという評判を得た人が、他の分野、例えば、教育についても一家言を持っていると見なされ、そのような人の考えが支持されることがある。これは、古代ギリシアでも同じで、政治には専門の知識は必要ではなく、誰もがこれに口を挟むことができると一般に考えられていた。

そんな中、プラトンは、他の技術とのアナロジー（類比）によって、政治を一種の技術と考えた。プラトンが、その知識は学ばれなければならず、専門家こそ政治に当たらなければならないと主張したのは、人がもっぱら感情に訴え、真実ではなく、もっともらしさをめざすレトリックに欺かれる現状を憂えたからであった。デマゴーグや、知者を自任する人を持ち上げる現代のマスコミが用いるのも、ギリシア時代の弁論家が弄したレトリックであり、巧みに人心を操作、支配しようとする。そのようなレトリックに欺かれないためには、最善の準備が必要である。いかなる喝采でもってデマゴーグが迎えられるようなことがあったとしても、決して欺かれることがない批判的精神を持たなければならない。

現代のレトリック

古代のギリシアでは新聞もテレビもなかったので、多くの人が集まる場所で演説をして、言葉巧みに人々を説得することしかなかった。そのためのレートリケーが発達した。

言葉巧みに説得し人を支配するために用いられるレートリケーが、古代ギリシアにおいては人心を支配するために有力な手段であったが、今日はまともに答弁できない政治家があまりに多い。結論が先行し、その結論へ強引に、しかし、稚拙なやり方で持っていく手法は知っているともいえるが、対話にはまったくならない。

今日ではレートリケーは演説のためだけのものではない。新聞、雑誌などの印刷物、テレビ、SNSなどで言葉巧みに、感情に訴える。ある方向に世論を誘導するためなら、誤った情報を流す。後からフェイクニュースであったことが明らかになっても、最初の報道が取り消されるわけではない。映像を切り取ったり、そもそも報道しないというようなことも行われる。

真実ではなく、もっともらしいことをセンセーショナルに伝えるというようなことが世の中に溢れている。フェイクニュースに欺かれないように気をつけ、限られた情報しかなくても、また情報が歪められていても、そこから真実を知ることに努めなければならない。

「中立」であるべきだと考えるジャーナリストが自分の考えを表明しない。「批判を招きそうだ」というような書き方はよく見る。なぜ、自分が批判しないのか。「中立」であるべきであるという大義名分があれば判断を保留し、真偽や価値の判断をしなくてもいいと考えるのは間違いである。判断をしないのは、中立という大義名分のもとに記者が自分の記事に責任を取りたくないだけである。

不完全な記事であってもそこから情報を導き出す努力を読者はしなければならないが、書き手の側が判断保留をするようではいけない。判断を保留し客観的に報じているように見えるような書き方をしないで、積極的に主張がされていればこそ、間違いにも気づくことができる。

新聞社や放送局が、自分のために、あるいは政府のために、意図的に報道しなかったり、あるいは、恣意的な編集をしたりするような時は、複数の情報源に当たらなければ報道の真偽を知ることは難しい。それでもなお知る努力はしなければならない。

「誰」ではなく「何」にフォーカス

これまで見てきたように、対話における非ロゴス的な要素、例えば「間」とか「空気」のようなもの、また感情が重視されることで、「何」が語られているかではなく、「誰」によってあるいは「どのように」語られているかばかりが重視されているように見える。

死を前にしたソクラテスと弟子たちとの対話の例を先に見たが、もしも「何」が語られるかにだけ注目することができれば、発言者の心証を害するという意味で空気を損なうのではないかというようなことは考えなくていい。誰が発言するか、誰に向かって発言するかに配慮することは、対話を円滑《えんかつ》にするというよりは、対話を阻害し、話したいことまでも話さないように仕向けることになってしまう。

今日、この社会で対話が成立しにくいのは、「何」が語られるかではなく「誰」が語っているかが重視されることが多いからである。対話が成立するためには、「誰」がいっているかということよりも「何」がいわれているかを重視しなければならない。

語られていることが正しいかどうかだけが問題なのであって、誰が語っているかは問題ではない。間違ったことをいう人があれば、上司であっても、指摘するべきである。悪く思われないかと怖れて何もいわなければ、そのことで対人関係の摩擦は避けられるかもしれないが、指摘しなかったことから起こった誤りによって問題が起こる。こんなことを上司にいったら疎まれるなどというようなことを気にする人は、自分のことしか考えていないのである。

誰が語っているかではなく「何」が語られているかだけを問題にし、人（誰）と考え（何）を区別し、語られていることが正しければそれを認め、必要があれば批判するが、考えを表明している人を批判しないということが重要である。

ソクラテスは、こんなふうにいっている。

「もしも私の言葉にしたがうのであれば、ソクラテスのことはあまり気にしないで、それよりもずっと真理の方を気にかけてくれたまえ。私が真実を語っていると思えたら同意し、さもなければ、あらゆる議論をつくして反対してくれたまえ」（プラトン『パイドン』）

また、別の箇所では次のようにいっている。

「君は堂々と、ちょうど医者に身を委ねるように、この議論（ロゴス）に身を委ねながら、答えてくれたまえ」（プラトン『ゴルギアス』）

対話は、ロゴスそのものに身を委ねるところにある。質問をするのは、「あなたのためではなく、ロゴスのために」（前掲書）するのであって、悪意のある個人的感情にもとづくのではない。この線で考えると、対話においては「誰」ではなく、どこまでも「何」が問題にされなければならない。

切り離せない人格

しかし、実際にはもう少し複雑なことが絡んでくる。誰かの考えを批判するうちに、その考えを表明する人のことまでもが気に入らなくなることはないだろうか。しかし、対話が成立するためには、このような人と発言内容、考えの混同はあってはならない。批判するとすれば、考えそのものを批判するのであり、人を批判するのではない。ある人が考えを表明するのなら、それが何であれ反対するというようなことがあれば、始めから対話は成立しない。

「真理の方を気にかけてくれたまえ」というソクラテスの言葉は、このことをはっきりと示している。また、ヘラクレイトスが「私ではなくロゴスに聞いて、万物が一であることに同意するのが賢明である」（断片五〇）という時の「ロゴス」は、世界に内在する理法としての「理」であると同時に、「言葉」であり、言葉に内包される「論理」である。

問題はこんなふうにはっきりと、誰と何、人と考えを分けられないことである。自分が好きな人、あるいは尊敬する人のいうことなら素直に受け入れることができても、嫌いな人なら同じことでも受け入れることができないということがあるのではないか。相手への基本的な信頼感がなければ、相手が間違ったことをいった時に、そのことで関係が続かなくなるかもしれない。相手のいうことに注目するのと同時に、相手への信頼感があればこそ、相手が間違ったことをいっても、自分と考えを異にすることをいってもそれを受け入れることができる。そのような信頼感は相手の発言への注目から生じるのか、それとも、まず発言ではなくて人への信頼感が先にあるのかはなかなか決めがたいように見える。

政治の場面でも、たとえ語られていることが正しくても、官僚が書いた作文を棒読みにするようでは政治家の言葉は国民に少しも届かない。ウイルスの感染拡大を防止するために重要なことが語られていても、語る人が信頼されていないと守る気にはなれないと思う人はいるだろう。

ソクラテスと弟子たちが、刑死の前といういわば極限状況にあっても、ソクラテスの考えを批判できたのは、ソクラテスと弟子たちの間に尊敬と信頼関係があったからである。

この尊敬、信頼は相互的なものであり、弟子はソクラテスを、ソクラテスは弟子を尊敬し、信頼していた。だからこそ、弟子たちはあの状況で魂の不死を否定するかのような議論をソクラテスに対してぶつけることが可能だったのだろう。

私は長くギリシア語を学生に教えてきた。学生がギリシア語を日本語に直した時に、それが正しいか間違っているかを判断し、間違っていればどこが間違っているかを指摘し、説明するのが教師の仕事である。教師の立場では、一度や二度の誤りで学生を判断することはできない。学生は初学者なのだから、十分な知識がないために間違うことは当然ありうる。その間違いを教師は見過ごさず、正していかなければならないが、これやあれやの間違いで学生の力を判断するようなことがあってはならない。

一般の対人関係の中にあっても、相手が間違ったことをいうかもしれないし、相手の言葉によって傷ついたり、怒りを覚えたりすることがあるかもしれない。しかし、このようなことが一度や二度あったからといって、相手との関係を切ることができないことがある。親子関係は大抵切ることができない。子どもが何をいっても、そのことで親が子どもを切るわけにはいかない。子どもと老いた親との関係も同じである。これは、子どもの正しくはない言動を正しいと見なすという意味ではない。子どもが、また親が何をいっても、いよいよ発言内容そのものに注目する必要があるし、尊敬と信頼関係があればそれは可能である。

このように考えると、最初、何が語られているかに注目するだけではなく、誰が語ったかということも重要ではないかというところから考え始めたけれども、人が語ったあれやこれの言葉によってその言葉を発した人を否定しないためには、人ではなく、かえって言葉そのものに注目しなければならないことになる。

話の内容にはその「人」の背景がある

人は他者と交換可能な面も持ちながら、かつ、一回性を持っている。このように考えれば、「何」が語られるかが「誰」が語るかよりも重要であるか、あるいは、反対に「誰」が語るかが「何」が語られるかよりも重要であるかという対立は、重要であるけれども、最終的には、この二面性を共に考慮しなければならず、一方だけを切り離すことはできない。

即ち、人は、「誰」という他者との交換不可能な面と、「何（を語るか）」という他者と交換可能な面を持っているということができる。このように考えれば、同じことが語られていても、その語られる内容だけが抽象されて判断されるのではなくて、始めから、誰が語るかということと、その人が何を語るかということの両方が考慮されるのである。

同じことを考え、発言しているように見えても、その言葉が考えられ、言葉に発せられる背景は同じではありえない。「何」が語られるかということに注目することで、「誰」が語るかを問題にしないという方向で考えることは正しく意味があるが、発言内容だけを「誰」から抽象することは実際には難しいだろう。たとえ、同じことを語っていても、それを誰がいっているかが問題になるわけである。自分が誰かと話をするとしても、ただ発言の内容だけに着目して相手が話すとすれば、言葉はそのまま理解されるかもしれないが、その発言をしている自分自身を相手が理解しているとは思えない。他ならぬ自分に話しかけられているという実感が必要である。

このことは相手が個人的な背景を知っているという意味ではない。誰かと話す時も、相手について個人的なことを知っている必要はない。しかし、同じ言葉であっても、その人がどんな思いで語ったかは、その人の立場に身を置かなければ理解できない。先に見たアドラーがいう「共感」や「同一視」が必要であるということである。カウンセリングの場面では、まさにそのことが来談者との了解の上で行われる。

対話は、生き方の問答

ところで、ロゴスを語り手から独立させるはずのソクラテスの話が、最終的には、それを語る人の生き方を問うことになってしまう。ニキアスがこんなことをいっている。

「あなたはご存じではないように私には思えるのですが、ソクラテスに近づいて対話をしていると、最初は何か他のことから話し始めるのに、ソクラテスの言葉に引っ張り回され、ついには必ずその人自身のことに話は及び、今、どんな生き方をしているか、それまではどんなふうに生きてきたかをいわされることになるのです。いったんそうなると、その人のいったことを何もかも吟味するまでは、ソクラテスは、離してはくれないでしょう」

（プラトン『ラケス』）

ソクラテスが知者といわれる人を吟味したのは、あれやこれの知識の有無を吟味するためではなかったのである。ソクラテスと対話をするということは、ソクラテスによって生き方の吟味を受けるということであった。これは「吟味されない人生は、人間にとって生きるに値しない」（プラトン『ソクラテスの弁明』）というソクラテスにとって、当然のことであった。ソクラテスと話した人は、毒蛇に咬まれたかのような思いをしたといわれる。アルキビアデスはいう。

「ところが、私は毒蛇よりももっと痛いものに、それも人が咬まれる場所でもっとも痛いところ、魂を咬まれたのだ――哲学の言葉によって」（プラトン『饗宴』）

プラトンが『饗宴』の中でアルキビアデスに語らせているこの気持ちは、若いプラトン自身の気持ちだったであろう。恥ずかしいという気持ち、つまり、いまだわが身に多くのものを欠きながら、それでいて、自分自身のことはそっちのけにして、アテナイの国事に携わっていることをソクラテスは否応なく認めさせるに違いないと恐れ、いっそのことソクラテスがこの世にいなくなったのを見れば、その時はどんなにうれしいだろうとまで考えたのである。

これはもちろんアルキビアデスの、つまりはプラトンの本当の気持ちとは裏腹のものだったが、後にこのことが現実になった時のプラトンの気持ちはいかなるものだったか。プラトン二十八歳の時のことだった。

ソクラテスは、「魂の世話」が何よりも重要であるという。

「君たちはお金ができる限り多く手に入ることには気を遣い、そして、評判や名誉には気を遣っても、知恵や真実には気を遣わず、魂をできるだけ優れたものにすることにも気を遣わず心配もしないで、恥ずかしくはないのか」（プラトン『ソクラテスの弁明』）

これに異議を挟み、気を遣っているというのであれば、「私はその人をすぐには去らせず、私も立ち去らずに問いかけ、詳しく調べ吟味するだろう」（前掲書）という。

このように、対話は最終的には生き方まで問題にしないわけにはいかない。ソクラテスの対話は、人が正しい生き方をしているかの吟味である。

語り手と言葉を切り離すというディアレクティケーの精神にのっとりながらの話が語り手の生き方を鋭く突いていくことになったことは興味深い。最初は他のことから話し始めても、ついには、その話は自分自身のことになり、どんな生き方をしているかというところまで及ぶ。ちなみに、ここでソクラテスは「魂をできるだけ優れたよいものにするように気を遣う」といっているが、これは別の対話篇では「魂の世話」（psyches therapeia）といわれている。これが英語などの近代語では、psychotherapy、即ち、心理療法という言葉になるのだが、心理療法は、ソクラテスが「吟味」という言葉を使うように、厳しいものなのである。

対話成立の条件

プラトンの『ゴルギアス』では、カリクレスが対話の相手となる者が持つべき条件を備えているとして、ソクラテスがその条件をあげている。カリクレスは、弱肉強食こそが正義であるという過激な思想を持っていた。

「人が相手の魂についてそれが正しい生き方をしているか否かを充分に吟味しようとするなら、その人は三つの条件、即ち、知識、好意、そして率直さを備えていなければならないが、君はその三つを全部そなえていると私は思う」（プラトン『ゴルギアス』）

ここであげられている三つの条件について考えてみたい。

知者でさえも何も知らないという「知識」

まず「知識」である。

ソクラテスは、アテナイの街で青年たちと対話をしていた。ソクラテスは自分は知者ではなく、自分は何も知らないといった。そして、知者といわれている人と対話をすることで、実はそのような人が知者ではないことを明らかにしていった。

知者は知を求めない。既に知を持っていると考えているので、さらに知を求めようとしない。他方、無知な人も、何かを知ろうとはしない。知らないことすら知らないのだから、知ろうと思うことはない。知者と無知者との中間にある人だけが、知を求めるのである（プラトン『饗宴』）。

ソクラテスは、自らの知、そして他者の知について厳密な吟味をした。ソクラテスは、ソクラテスより賢い者は誰もいないというアポロンの神託を聞いても有頂天にはならなかった。ソクラテスが自分で聞きに行ったのではない。若い頃からの仲間の一人がデルポイへ行って、ソクラテスよりも知恵のある者がいるかをたずねたのである。ソクラテスは知者ではないことを自覚しているので、一体神が何をいおうとしているのか明らかにしようとした。そこで、神に反駁《はんばく》するために、知者と呼ばれている人のところを巡って、自分よりも知識のある人を探そうとしたのである。一人でも知者がいれば、神託が誤っていることを証明できるからである。しかし、その「遍歴」（プラトン『ソクラテスの弁明』）の結果、明らかになったのは次のようなことである。

知者といわれている人は、自分は本当は何も知らないのに知っていると思っている。しかし、人間は等しく無知である。そのことを知っている自分は何も知らないことを知っているというわずかな点で、自分が何も知らないことを知らない人よりも知恵があるということである。ソクラテスは、神託はこのことを告げているということに思い至ったのである。

このことから明らかになるのは、まず、このように神ならぬ人は、知の点においては、すべて平等、対等であるということである。たしかに人は無知であるけれども、だからこそ知を希求する。これが知を愛するという「哲学」の元々の意味である。自分に知があると考えれば、それ以上知を求めようとはしないだろう。

対話の前提は対等

また、対等な関係が成立していればこそ、弟子は師に対して、患者は医師に対してわからないことについて質問できる。さらにそれをめぐって対話ができるためには、もちろん、この関係が確立されていれば、『ゴルギアス』であげられている他の条件、例えば、後に考察する率直さを備えることは容易であろう。教える側も、対等であるということを知っていれば、自分が知を授けるというような態度に出ることはないだろう。

ソクラテスと、ソクラテスと対話する人は決して対等ではなかったと思う人がいるかもしれないが、それは違う。ソクラテスとて神ではないので、完全な知を持っているわけではない。だからこそ、「ソクラテスよりも賢い者は誰もいない」というアポロンの神託を聞いた時、ソクラテスは最初その神の言葉を信じなかったのである。ソクラテスはどこまでも知者ではなく、愛知者だった。その点においては、ソクラテスはこの世の誰とも変わりはない。ただ、他の人は自分が無知であるということを知らないのである。人間である限り、誰も完全な知を持っていないという意味で、ソクラテスもソクラテスと対話する誰もが対等であるといっていい。そして、このように対等であることが前提とならなければ、知識がそれを持つ者から持たない者へ伝達されるということはあっても、対話は成立しない。

知識に対してこのように考えていたソクラテスは、青年たちを相手に議論をする時、特別な言葉を使わず、日常的に使われる普通の言葉で語っていた。ソクラテスにとっては説得力があるとか、美辞麗句で飾られているということは問題にならなかった。ソクラテスにとっての関心はただ一つ、真実を語るかどうかだけだったのである。

七十歳になって告訴されたソクラテスは、裁判所に行くのは初めてのことだった。裁判の際、ソクラテスは陪審員にこう語った。

「今もまたこのことを君たちに要求しても正当だと思う。言葉遣いにはおそらく劣っているところも、あるいは優れているところもあるだろうが、そこは大目に見、私が語ることが正しいか、そうでないか、まさにそのことにだけ注意を向け、よく考えることをだ」（プラトン『ソクラテスの弁明』）

中身のない空虚なことを美辞麗句で飾って話す人は今日でも多い。レートリケーはこのような人が使う。他方、対話が目指すのは、知識、あるいは、真実であって、知識ならぬ思わく、また、真実らしさではない。

ソクラテスは、知者といわれている人であっても、そのような人に対して、実際には何も知らないということを容赦なく思い知らせた。無論、このようなことをされた人は愉快ではなかっただろう。そのことのゆえに、ソクラテスは告訴され、ついに死刑になったのである。

協力的な対話を可能にする「好意」

対話が可能になるためには、先に見た対話成立のための三つの条件の二つ目、「好意」が必要である。このソクラテスがあげる「好意」と「率直さ」に関しては、ソクラテスは皮肉でいっているのではなく、事実、対話の相手であるカリクレスに認めているように見える。ソクラテスは、カリクレスが自分に好意を持っているという根拠として、カリクレスが自分の一番親しい仲間にしたのと同じ忠告をソクラテスにもしたことをあげている。その内容は、哲学に熱心になると、知らない間に人間が台無しになるので、そういうことがないように気をつけよというものであった。カリクレスのこのような言葉を皮肉には取らないところが、ソクラテスの真骨頂である。

対話する相手に好意を持てなければ、協力関係に立つことはできない。対話はたしかに論争的ではあるが、相手に勝つことが目的ではない。好意がなければ、相手を批判し、言い負かそうとしか思わなくなる。

カリクレスは、ソクラテスに対して、弱肉強食こそが人間の社会においても通用していて、その弱肉強食が通用していることを「自然の正義」という。しかも、ソクラテスがこの事実に疎いのは、哲学に打ち込みすぎたからであり、そもそも哲学は、若い頃にほどほどに触れるのはいいが、その年頃を過ぎてもなおいつまでも続けるようなものではないとソクラテスにいう。こんなことをいうカリクレスも、「私はあなたにはかなりの好意を持っている」とソクラテスにいっている（プラトン『ゴルギアス』）。

空気を読まずに質問できる「率直さ」

しかし、好意があるだけではなお十分ではない。ソクラテスは、カリクレスについては考え方の違いを考慮すれば驚くほど好意的だが、カリクレスよりも先にソクラテスと対話をしたゴルギアスとポロスについては、「どちらかといえば率直さが足りず、必要以上に遠慮するところがある」「私が会う多くの人は、君（カリクレス）ほどには私のことを心配してくれないから、私に対して本当のことをいおうとしない」といっている。いいたいことをいえなかったり、また、空気を怖れているようではいけない。そこで、対話成立の三つ目の条件、即ち「率直さ」が必要になってくる。

先に見た「空気」や「場」が、人が率直であることを困難にしていることは明らかである。空気や場の存在を強調するのは、それらが対話を抑えるためであり、空気は実は自然発生的で不動のものではなく、必要があれば、これを変えていけることをこれまで見てきた。空気はいわば磁場のごとくその場に居合わせる人を支配するのではない。

アドラーとうつ病の患者の事例を先に見たが、自分では意識していなくても、患者はゆっくり話すことによって、治療者よりも優位に立とうとしていた。このことを示した時の着眼点は、何か原因があってゆっくりとしか話せないのではなく、ゆっくりとしか話さないことには「目的」があるということだった。ゆっくり話すことで相手よりも優位に立つことを狙ったのである。

また、ソクラテスの死刑執行の日に、魂の不死を否定するような反論をするというようなことは、問題となっていることを明らかにしなければならないと考える人にしかできなかったであろう。

若い人は、わからないことについて率直にたずね、鋭く話に切り込んでくる人が多いように思う。講演や講義の後、質問を募ると、さっと手をあげる。

すぐに質問をしない人は、こんなことを聞くと、こんなことも知らないのかと思われるのではないかというようなことを気にかけ、他の人の質問を聞いてから、質問をしようと思うのだろう。

質問をするけれども、その質問によって自分が優れていると思われたい人もいる。そのような人は他の人の質問は聞かない。講演そのものも聞いていない。質問をする前に頭の中でリハーサルをする。きちんと話せる自信がついたところで、ようやく話し始める。しかし、その時、話は先に進んでいて、このような人は話の流れから取り残されてしまう。

鶴見俊輔が、講演の際に、講演とはまったく関係のない質問をした人のことを書いている。イヴァン・イリッチが来日した時、講演の後、「質問ありませんか」というと、「クリシュナムルティをどう思いますか」とたずねた人がいた（鶴見俊輔『大人になるって何？』）。

この質問は講演内容とは関係がない。自分がクリシュナムルティを読んだということ、自分がいかに知識があるかということを講演者や、他の聴衆に披瀝《ひれき》したいだけなのである。

私の経験では、アドラーについてもっぱら話した講演の後に、「フランクルについてどう思うか」とたずねた人がいた。フランクルはアドラーのもとにいたこともある人なので、アドラーとはまったく無関係な人ではないのだが、唐突の感は否めなかった。

このような質問をする人は質問をしない人よりも率直であるといえるが、自分がどう思われるかということに関心があって、講演者と対話をするつもりはない。

質問をすることをためらう人も、自分の知識をひけらかすためにだけ質問をする人も、自分のことにしか関心がないのである。

よく思われたいと考えて、人の話を聞かないで質問をする人は空気を読めない人である。率直な人はふと疑問に思った時にたずねることができる。そのような人も空気が読めないと思われることがあるが、講演や講義を聞いている時に、ふと疑問に思うことがあればそれはその人だけではない。自分の疑問を解消するための質問ではないので、他者に貢献している。

きちんと質問をしようと考えることには意味がない。わからなければ「きちんと」質問できないのはむしろ当然だ。

無知をあらわしてでもたずねる姿勢

高坂正顕が『哲学研究』に載る西田幾多郎の論文を原稿と照らし合わせ綿密に校正した時のことを田中美知太郎が高坂正顕の著書を引いて紹介している（田中美知太郎『時代と私』）。高坂は、西田の論文に出てくる「於《お》いてある」という表現がしっくりこなかった。反復して使われているから誤りではないだろうとは思うものの、校正をそのまま印刷所に返す気になれない。そこで原稿と校正を持って西田の家を訪れた。

「『於てある』という表現がどうもしっくりと私には呑み込めません、このままでいいのでしょうか」

西田はしばらく原稿のあちらこちらをめくっていたが、

「まあこれでいいだろう」

とだけいった。

実は、西田は、高坂が校正した「場所」に先立つ「働くもの」という論文においても、既にこの表現を使っていたのである。近くにいて講義を聞き、直接の話も聞いていたはずの弟子が「このままでいいのでしょうか」とたずねたことを、西田はさぞかし残念に思ったであろう。

しかし、わからないけれど先生が書いたものだからと疑問を残すのは学問ではない。私は、高坂が疑問をそのままにせずに西田にたずねたことを好意的に見たい。西田も「まあこれでいいだろう」と終わらせず、疑問に思った高坂に説明してもよかったのではないかと私は思うが、疑問を持ち出すことが自分の無知をあらわにすることになっても、黙っているよりは、はるかに望ましい。

教師の側からいえば、黙っている学生よりも、わからないことがあれば率直にたずねてくれる学生がありがたかった。「それは教科書のここに書いてある」と指摘すればすむような質問であったとしてもである。

わからないことがあるとわかるのはかなり理解しているからである。本当に何もわかっていなければ質問のしようがない。学生が質問しないのは教師が威圧的で質問をするのを恐れているということもあるが、そもそも教え方に問題があったということを知っていなければならない。

対話を拒む人を理解する

対話が成立するためには対等であることが前提であるということを先に見たが、親子関係、教師と学生（生徒）、さらに上司と部下の関係は対等とは考えない人は多い。対等とは考えない人は力で抑圧しようとする。そのために怒りをぶつけてくるので、反論したくてもできない、心ならずも従ってしまうということはある。

対人関係の上に立とうとする人は劣等感を持っている。誰かが自分の上になることはもとより、自分と並ぶことも我慢ができず、いつ何時その地位から蹴落とされるかもしれないと戦々恐々としているのである。そのような人は、自分の地位を脅かされないために力を行使しなければならないと考え、大きな声を出して叱りつけるのである。

本当に優れた人であれば、自分が優れていることを誇示したりしない、怒りを爆発させたりはしない。そうするのは、自分が無能であることを見透かされたくないからである。

仕事を例にしていえば、本来の仕事の場ではなく、つまり、第一の戦場ではなく、第二の戦場へと部下を呼びつけて、仕事とは関係のないことで部下の価値を貶《おとし》めることで、自分の価値を相対的に高めようとするのである。

このことがわかっていれば、怒りを爆発させる親や教師、上司を恐れる必要はない。もしも親や教師、上司が怒りを爆発させても、感情には注目せず、何を語っているかだけに注目し、もしも間違ったことをいっているのであればそれを正せばいいだけである。

実力行使と対話による問題解決

大阪大学で開かれた「平和のための集中講義」において、奥本京子はこういった（「単眼複眼」『朝日新聞』二〇〇三年五月二十三日夕刊）。

「二人一組になり、一人が自分の片手を固く握ってください。もう一人は、それを開いてみてください」

教室の中がざわめいた。しばらくして奥本はいった。

「『手を開いてください』って、言葉でいった人いますか」

奥本はいう。「なぜ力ずくでほどこうとしたのでしょう。平和的手段で紛争を超えるには、対話して相手と関わることや相手への想像力、創造力が必要なのです」。

このエピソードから知られるように、対話をすることで問題を解決することなど思いもよらない人は多い。必ずしも物理的な力を使うことでなくても、問答無用で叱ったりするなど、感情的になって相手を圧倒しようとすることはあるだろう。このような仕方での解決は、たしかに簡単で即効性はあるように見える。

しかし、それが一時的な解決でしかないことは、日常の場面でいくらでも見ることができる。それに対して、対話による問題解決は、手間も時間もかかる。

自明性を疑うところに対話が成り立つ

私の理解では、哲学者であるソクラテスが生涯をかけて行った対話、そしてソクラテスの精神を継承する人が行うべき対話は、既成の価値観を追認することなく、社会や文化の価値観を徹底的に疑うためである。このことが必ずしも絶対的な価値があることを否定するためではないことは、本書を通じて明らかにしてきた通りである。しかし、価値あることとされていることであっても、最初から自明のものとして与えられているものは何もない。

それゆえ、どんな問題についても、自明なことは何もないと考えて、言葉（ロゴス）を尽くして議論する必要がある。それなのに、当然のことだ、論じるまでもないといって、言葉を封じる人がいれば、これに断固抵抗しなければならない。

村上春樹が、河合隼雄との対談の中で、超常現象というようなものは、小説の中では書くが、現実生活では基本的には信じていないといっている。そんな村上が、戦車や、砲弾、飯盒《はんごう》、水筒などがそのまま残っているノモンハンの戦場跡に行き、迫撃砲弾の破片と銃弾をホテルの部屋に持ち帰ったところ、夜中に目が覚めた時、部屋が歩けないくらいに大揺れしていたという経験を河合に語った。この揺れは真っ暗な中を這うようにして行ってドアを開けて廊下に出たら、ピタッと静まった。

「これはぼくは、一種の精神的な波長が合ったみたいなものだろうと思ったのです。それだけ自分が物語のなかでノモンハンということにコミットしているから起こったと思ったのですね。それは超常現象だとかいうふうに思ったわけではないですけれども、なにかそういう作用、つながりを感じたのです」（河合隼雄・村上春樹『村上春樹、河合隼雄に会いにいく』）

この話を聞いた河合はいった。

「そういうのをなんていう名前で呼ぶのか非常にむずかしいのですが、ぼくはそんなのありだと思っているのです。

まさにあるというだけの話で、ただ、下手な説明はしない」（前掲書）

また『源氏物語』の中にある怨霊などの超自然性について、そういったものは現実の一部として存在したものか、とたずねる村上に、河合は「あんなのはまったく現実だとぼくは思います」（前掲書）と答えている。

こんなふうに「そんなのあり」といって片付けてしまえば、どんな話もそこで終わってしまう。これは言論（ロゴス）の封じ込めに他ならない。流行り廃りがあるがスピリチュアルな現象に関心が向けられることがある。霊的な現象については、それについて議論することなく、ただ「ある」といっているように見える。ここには死を前にしてなお徹底的に魂の不死について議論したソクラテスたちはいない。生と死の絶対の断絶を説かない人の言葉は無批判に受け入れられる。

例えば、キューブラー・ロスは「死とはこの人生からべつの存在への移行にすぎない」といっている（『永遠の別れ』）。死んでも無になるわけではなく、今生きているのと変わりがないといわれたら、死を恐れなくていいと思う人がいるかもしれない。今、苦しくてもあの世では救われるというのも同じである。誰も生きて死を経験することはできないのだから、死が生とは絶対的に違うものであるとは考えないで生の延長と考えてしまうと、苦しみから逃れるために自らの命を絶とうと思うかもしれない。

言葉がシンボルたるがゆえの可能性と危険性

今あげたような事柄についてなら、無批判に受け入れない人も多いかもしれない。しかし、国を愛することはこの国に生まれたものとして当然のことだといわれた時、そのことを自明のこととして受け入れないということには、抗しがたい力が働くことがある。しかし、ある国に生まれたからといって、自分が生まれ育った国を必ず愛せるわけではないし、強制されて愛するものではないだろう。国を愛せるにはそもそも愛するとはどういうことか考えなければならない。

フロムは、愛は技術であり、技術であるならば、知識と努力が必要だといっている。ところが、多くの人は、愛をこのようなものとは考えない。愛は対象の問題であると考える。即ち、愛するのは簡単だが、愛する、あるいは愛されるにふさわしい相手がいないというわけである（フロム『愛するということ』）。その点、国を愛するのは、対象がはっきりしている。したがって、国を愛することはたやすいことであり、当然のことであると考える。そうなのだろうか。

ここでそのようなことは当然のことであるとして自分で考えることを止めるとする。巧みな仕方で説得されて、考えることを止めるということもあるだろう。ともあれ、いつの間にか、言葉の本当の意味を考えようとはしないで、言葉に麻痺してしまった人は、その言葉が対応する事実を確かめなくなってしまう。そして、いわば名目としての言葉だけが一人歩きし、本来、名目でしかなかった言葉が、実在の仮象を与えられる。

言葉にはサインとして機能する場合とシンボルとして機能する場合がある（藤沢令夫『イデアと世界』）。前者は、言葉と事物との二項関係であり、言葉と事物は直結する。他方、後者では言葉と事物は直結せず、想念や観念が介在するという意味で、言葉、事物、観念

（想念）の三項関係である。

言葉はサインとしての機能を超える。シンボルとなることで初めてオノマ（名前）だけでなく、ロゴス（理）となることができる。このシンボルとしての言葉においては、言葉と事物は直結しない。言葉を聞いた時にわれわれが理解するのは事物そのものではなく、互いの考えである。想念や観念が介在し、三項関係が成立する。サインとしての言葉の場合は、それが指示する言葉が対応するが、シンボルとしての言葉は事物や状況から独立した領域を持ちうる。

だから、追い詰められれば人は嘘をつくこともでき、小説家は創作することができるのだが、シンボルとしての言葉が三項関係であることの問題は、現前する事物や状況とは関係なく、言葉だけがいわば一人歩きし、言葉が実体化することだ。

「愛」というものはない。実際には「愛する」という行為しかない（フロム『生きるということ』）。愛国心や正義という言葉も、それがどういう行為なのかが検証されることなく、強制され、愛国心や正義という言葉のためにどれほど多くの人が殺されてきたことか。

受動性を超える

いつの時代も喝采でもって迎えられるデマゴーグ（煽動政治家）は、勇ましい言葉を振りかざして国民の心を捉え、戦争へと駆り立てる。感情を煽られた人は自分で考えなくなる。どんなことも自明だと思わず徹底的に疑う批判的精神を持った人は多くはない。これはなぜなのか。政治家がレトリックによって、また時には、力で国民を支配し、国民もそのことを受け入れてしまっているのは、為政者側も国民の側も、人は基本的には、自分の身に起こることについて受動的な存在であると考えているからではないかと私は考えている。

見るものがすべてであると考える感覚至上主義については何度もこれまで見てきた。しかし、すぐ後に見るように、人は感覚、知覚したものをそのまま受動的に受け取るわけではない。

また、感情についてもこれまで見てきたように、人はそれに抵抗できないわけではない。激情、激怒、情熱を意味する英語の passion は、「被る」（patior）という意味のラテン語が語源であることからわかるように、それらは受動的なもので、それに抵抗することは難しいことだと考えられているが、これまで見てきたように、必要があれば、感情を抑えることはもとより自分の意志で創り出すこともできるのである。

さらには、人は何かが原因となって、それにただ受動的に反応する者（reactor）ではない。むしろ、同じ経験をしたからといって、誰もが同じようになるわけではない。事件や災害がある度に、心のケアと称して学校などにカウンセラーが派遣されるが、トラウマ（心の傷）になりうるような出来事を経験したからといって、それに対して皆が一様に反応するわけではない。人は反応者ではなく、行為者（actor）である。

大阪の池田の小学校での児童殺傷事件の後、ある精神科医が、この事件に関わった子どもたちは、今は何もなくても、人生の後の段階でいつか「必ず」問題が起こるとインタビューに答えて発言しているのをテレビで聞いて驚いたことがある。しかし、この医師のように、人はいかなる場面においても、外からの刺激や自分が置かれた状況からただ一方的に影響を被り（patior）、それに対してはどうすることもできないと考えている人は多いように見える。このような考えに立つので、心に受けた傷を癒すためには、治療者は傾聴や患者の側にいる以上の何かを積極的にすることはできないと考えているように見える。そのように考えるカウンセラーは、言葉（ロゴス）による対話ができない。

自分の人生の責任を負う

天災や事故など大きな出来事に遭うというようなことを考えなくても、例えば、常は理性的な人が、何かの折に、怒鳴ってしまったというようなことがあったとした場合、そのように怒鳴ったのは、怒りの感情に支配されて、「ついカッとした」というような説明がされるだろう。悪いと知りつつも、人を傷つけた、とか殺《あや》めたというようないい方がされることもある。ギリシア哲学では、このような事態は、アクラシアー、もしくは、アクラテイア（無抑制、意志薄弱）と呼ばれた。意志が弱いという理由で、あることが自分にとって善（得）であることを知っているにもかかわらず、できない、あるいは、悪である（ためにならない）ことを知っていながら、そのことを行うというような事態のことである。はたして、このようなことがありうるのかが、古代ギリシア哲学の一つの重要なテーマであった。

プラトンは、二つ以上の選択肢があって、いずれを行おうかと迷い、決断できないという葛藤を認めない。ある行為（A）ではなく別の行為（B）を選択したその時点で、AではなくBを善と見ているのである。このように、人は選択に際して善と判断する何かを選択するが、その選択を何かによって支配されることで妨げられたわけではない。誤りは、どこまでも自由意志に基づいた知的なものである。このように考えれば、カウンセリングは、ただ患者の側にいたり、傾聴したりするようなものではなく、言葉（ロゴス）を駆使した、本来の意味での対話となりうるのである。

もしも人には自由意志はなく、外からの刺激、生育歴、環境（きょうだい関係、親子関係、文化）などによってすべて決定されるのであれば、そもそも人がそれによって変わることを前提にしているはずの、教育、治療、カウンセリングなどにおける対話は無意味であるといわなければならない。たしかに、外的な出来事や環境が選択に当たって大きな影響を与えたことは疑いないが、本人による決定の余地がなかったわけではない。たしかに、その選択は自覚的でなかったかもしれないが、自分で決めたのであれば、後になって決め直すことは可能である。だからこそ、後になって生き方を変えることができる。そのことで、言葉の本当の意味での自己責任を背負うことになったとしてもである。「あなたが悪いのではない」というようなことを医師やカウンセラーがいうことは、クライエントの責任を曖昧にしてしまう。

アドラーは「患者を依存と無責任の地位に置いてはいけない」といっている(『人生の意味の心理学』)。無責任の地位に置くというのは、自分の選択以外のことに生きづらさの原因を見ることで、本来の責任を見えなくするということである。

依存の地位に置くというのは、「あなたが悪いのではない」といって、患者に「私のせいではなかったのだ」と気づかせ、カタルシスを引き起こす治療者が、患者を自分に依存させるということである。たとえ治療に抵抗する患者がいても、「自分ではわかっていない」といえば、治療者が権威者になり、患者を自分に依存させるのは容易である。

自分で自分の人生に責任を負うという生き方に変えたくない人はこのようなカウンセリ

ングを好むのである。そのような人は、アクラテイアの論理から脱却できず、生き方は受動的で、何事についても自分では判断しないで、人がいうことを受け入れ拍手喝采するだけに見える。

他方、たしかに発言するが、自分で考えて発言しているとはいえない人がいる。そのような人は、権力を背景に語るのである。フロムはそのような人を「マゾヒズム的人間」といっている。本書での議論に引きつけていえば、空気を背景に語るということもできるだろう。フロムは次のようにいう。

「マゾヒズム的人間は、その主人が自分の外の権威であろうと、良心や心理的な強制として主人を内面化しようと、決断することから解放される。即ち、自分自身の運命に最終的な責任を持つこと、したがって、どんな決断をしようかと疑う必要もない。また、人生の意味は何か、『自分』が誰であるかについての疑いからも解放される。これらの問いは、人が結びついている力との関係によって答えられる。人生の意味や自我の同一性は、自我が屈服した、より大きな全体によって決定される」（Erich Fromm, *Escape from Freedom*）

子どもは大人によって「属性付与」されることがある。「あの花（人）は美しい」という時の「美しい」が「属性」であり、花や人に属している性質（属性）を付与することをR・D・レインは、「属性化」あるいは「属性付与」（attribution）という言葉で説明している（*Self and Others*）。

問題はこの属性付与が命令になることである。「お前は賢い子どもだ」というのはただ子どもが賢いと叙述しているのではなく、大人が子どもにかくあるべしという理想を押し付けることであり、賢くあれという命令である。

子どもはこのような属性付与に抵抗していい。同様に、人生の意味や自我の同一性が、力によって決定されるのは問題である。既に見てきたように、人間は自由な存在である。このような力に屈することも、自分で選んでいるのだが、自由であることには責任を伴うので、その自由の重さに耐えかねた人はあえて自由を手放し、権力者に依存することが起こるのである。

事後論理より事前論理

アドラーが使う「劣等コンプレックス」という言葉がある。それは、「Aであるから（あるいは、Aでないから）、Bできない」という論理を日常のコミュニケーションの中で多用することであるという。このAとして、他の人が納得しないわけにはいかない、そして自分も納得したい理由、口実を持ち出す。神経症が、しばしばこのAの役割を果たす。

アドラーは、この論理を「人生の嘘」という言葉で呼び（『個人心理学講義』）、他の人のみならず、自分自身をも欺いていると指摘する。即ち、自分が直面しなければならない課題を回避することを正当化する理由が必要なのだが、まず課題に取り組みたくないという決心があって、そのことを正当化するための論理を事後的に構築するわけである。その論理は「見かけの因果律」（semblance of causality, scheinbare Kausalität、『生きる意味を求めて』）である。なぜ「見かけ」というのかといえば、実際には、神経症者がいう原因と症状の間には因果関係がないからであり、神経症者がその論理を採るのは、そうすることで、本来、自分で選んだことであるにもかかわらず、目下《もっか》、課題を前にして逡巡《しゅんじゅん》していることを、他の人や状況（遺伝や親の育て方、環境、さらには性格）などに原因があるとして、自分自身の責任を回避しようとすることである。

カウンセリングにおいては、患者が嘘をつくことがある。意識的に嘘をつく場合には、真実を知っていなければならないが、「心からの嘘」の場合は、そこには真実は何もなく、人は嘘を真実だと信じている。行為の理由は、後から与えられる。ところが、このような「事後（post factum）論理」が「事前（ante factum）論理」だったかのように考えられてしまう。

カウンセリングにおいては、このような事後論理を肯定するようなことがあってもいけない。そうすることは問題を解決しないし、「あなたは何も悪くない」とカウンセラーがいってしまうと、責任の所在を曖昧にするだけである。カウンセリングは、「心からの嘘」に何とかして気がつくように援助しなければならない。癒しなどという言葉を使うと、カウンセリングは受動的なものである印象を与える。しかし、実際には、患者は治療者によって癒されるわけではなく、回復に向けて強い意志を持ち、カウンセラーとの共同作業である対話を通じて、自分の論理の検証、生き方の吟味をするのである。そうすることで、自らの力で回復していくしかないが、その道は険しい。

事後論理は、論理を現実に合わせるために、躊躇なく論理を変更してしまう。たしかに、そうすることには理由がないわけではない。現実との乖離はあってはならないと考えられるからである。そこで、現実的ではない、あるいは、実践されていないという理由で、論理（ロゴス、言葉）を変えることが求められる。

しかし、ロゴスは実践や実行に直結しているわけではない。後に見るように、理論や理想がそのまま現実であるわけではない。したがって、理論が改善される必要はたしかにあるけれども、理論が現実的ではないという理由で、現実に合わせるために、取り下げられるようなことはあってはならない。理想が現実から遠い時、理想を説くロゴスは空疎であり、理想を掲げることに意味がないと考えられることがある。しかし、現実はそもそも理想からは遠いものなのである。隣の家の鶏を夜中に盗んではいけないという法律があるとする。盗む人が一人もいなければ、この法律は必要ない。隣の家から鶏を盗む人がいるからこそ、そのような人を罰する法律に意味があるのである。加藤周一は、この喩《たと》えを憲法第九条を念頭に置いて出している（『９条と日中韓』）。

ロゴスを現実に合わさなければならないといわれるが、本当は現実を自分の思う通りに変えたい人がいるのである。戦争を遂行するために必要な大義名分が、このことの例になる。このような人には戦争を正当化するための大義名分（ロゴス）が必要である。これは事前論理ではない。なぜなら、何か戦争する理由が先にあるというよりは、戦争をするという決定が先にあって、その決定を正当化する理由が「後に」必要だからである。その意味で、大義名分は事後論理である。あるいは、戦争をする本当の理由は別にあるのだが、それを前面に出してしまうと戦争することを支持されないので、もっともらしい大義名分が必要であると見ることもできる。

また、既成事実を作ることも行われる。そうしておいて、現実には合わなくなったという理由でロゴス（例えば、憲法）の改変を主張するのである。このようにして、事後論理が構築されるわけである。

ロゴスは理想をめざすこともあるが、今見たように、現実の改変をもくろむために事後論理が構築されることもある。この事後論理もまたロゴスであることには変わりがないわけだから、ロゴスの自明性を疑う必要がある。ロゴスが絶対的に正しいわけではないことはいうまでもない。

現実の変化によって次々と形を変えていくような事後論理ではなく、事前論理こそめざさなければならない。さもなければ、ロゴスは生きるに当たってのよりどころにはなりえないからである。

言葉の軽信

言葉をあまり信じない人が多いように見える。プラトンによれば、いわゆる言行不一致によってこのことは起こる（『ラケス』）。子どもは親が正論を振りかざして説教する時に、その親の行動に目を向ける。そういうあなたは自分ではそのようにしていないではないか、私に強制するまさにその当のことをあなた自身はできていないではないか。そういって、子どもは親の言行不一致を突いてくる。このような、いっていることと行動が一致していない人からの言葉を聞かされていると、「ミソロゴス」（言論嫌い）にならないわけにいかない。

万物の流転を説いたクラテュロスは、何も語らず、ただ指を動かした。言葉では説明できないので、何かを黙って指さすしかなかった。ヘラクレイトスは「同じ川には二度入ることができない」といった（プラトン『クラテュロス』）。この世界のことについては、プラトンもクラテュロスと同じように考える。「これ」といっても、それが不動のものとしてとどまるわけではないので、「これこれのよう」としかいえないのである（プラトン『ティマイオス』）。また、言葉は一般的、抽象的なものなので、言葉によっては、他ならぬこの人について叙述できないと考える人はいるだろう。

さらに、言葉とそれによって叙述しようとする事象とのギャップを経験した人が、ミソロゴスになってしまう。

こうして、言葉への信頼が失われると、言葉そのものに耳を傾けるよりも、それを語る人が誰なのか、語り手の心理と動機を忖度《そんたく》しようとすることになるのである（田中美知太郎『ロゴスとイデア』）。考えを言葉に移すことの困難を経験した人は、困難を克服する努力をしないで、ミソロゴスになってしまう。

他方、ピロロゴス（言葉好き）と呼ばれる人もいる。先のミソロゴスとは反対に、言葉と事象の間のギャップを感じたことのない人たちである。自分が感じるのと同じように、他の人も感じ、考えていると思いこんでいる人。あるいは、そもそも自分とは違う感じ方があるなどとは夢にも思っていない人。そのような人たちが引き起こす問題は、ミソロゴスの場合よりも大きい。

藤澤令夫はこういっている。「現代を支配しているのは、言葉への懐疑であるよりは、やはり言葉への軽信であろう」(『イデアと世界』)。まさしくその通りである。

相対主義を超える

結局のところ、問題になるのは、今見たようなイデア、絶対的な真理があることを認めるかどうかというところに帰着する。プラトンの対話篇において、ソクラテスが対話する様子を読む時、反発や抵抗を感じるとすれば、われわれが「民主主義と多元主義と反権威主義の二〇世紀の人間として、気づいていようといまいと、相対主義の蔓延に気分的にすっかり同調しているからである」というスレザークの指摘は正しい(『プラトンを読むために』)。

プラトンのイデア論の意義は、この世界のものは徹底的に流転し、そこでの価値は、何一つ絶対とはいえないのに対して、イデアこそは絶対の価値であると認めることにある。これに対して、この世の価値のあれやこれはどれも完全ではないのに、それを理想と混同することを「偶像崇拝」という。

このような混同を回避するためには一つの方法しかない。自分と他者を吟味することによって、自分が何かを知っていると思いこむ以前の状態に絶えず身を置くことである。そのことを可能にするのが、自己内対話としての思考と他者との対話である。

世界を変えていく勇気を持とう

不正を犯している人は、結局のところ、善悪の判断を誤っているのである。不正を働けばたちまち国民の支持を失うと政治家や官僚がわかっていれば、行動を改めるに違いない。そうではなく、不正を犯すことに何らのためらいも感じないのは、国民からの支持を失うことは決してないと確信しているからである。そうであれば、不正を許している国民もそうすることを善だと判断しているということである。

この世にある理不尽なことへの怒り、理性的な「公憤」を持ち続けなければならない。そのためには、感情的にならずに理性的な対話をするしかない。悲観的なことをいえば、相手は対話に応じる用意がないかもしれないが、相手を批判したり個人攻撃をしてみても問題は解決しない。

アドラーが「私はいつもこの世界を変えるために何ができるかを考えている」といったことは先にも見た（Phyllis Bottome, *Alfred Adler*）。理不尽な現実を前にした時に自分にできることは何もないと絶望するのではなく、何かできることを見出していかなければならない。一人の力だけではどうなるわけでもないかもしれない。しかし、理不尽である世界を変えなければならないと考えた人が集まれば、この世界は必ず変わり始める。

届く言葉と届かない言葉がある。無論、これは物理的な意味ではない。大きな声を発してもその声が届くとは限らない。願わくば、この本に私が書いた言葉が、読者であるあなたに届きますように。その時、私の言葉は独語であることを止め、対話が始まる。

あとがき

本書の執筆に着手して以来、二年ほどの歳月を費やすことになったが、実は本書の核となる部分は二〇〇七年頃から書き始めた。本文でも触れたが、その前年、五十歳になって間もなく心筋梗塞で倒れた。幸い、治療は功を奏し一命を取り留めたが、一年後になお冠動脈のバイパス手術を受ける必要があったので、退院後は仕事を制限し療養に努めた。

しかし、自宅で静かに過ごしていたわけではない。入院中主治医から「本は書きなさい。本は残るから」と勧められたこともあって、猛然と勉強を始めた。入院していた時、見舞いにきてくれた友人からヴィクトーア・フォン・ヴァイツゼッカーの研究会があって、毎月、ドイツ語で著書を読んでいることを聞いた。まだ外に出て行く自信がなかったが、退院した翌月から参加した。その研究会のチューターが木村敏先生だった。本書で先生の著書からの引用が多いのはそのためである。

本の原稿も出版依頼があって書き始めたが、思うように書き進めることができず、とうとう日の目を見ることはなかった。

そうこうするうちに、東日本大震災が起きた。世界はもはや元に戻れないのではないかと思った。実際、今も戻っていない。

その頃から、私の中で「怒り」が考察すべき重要なテーマになった。私は長く研究してきたアドラーの影響もあって、怒りの感情は問題解決の手段としては有用でないことを指摘してきた。怒るのではなく言葉を使って対話をすれば怒りの感情を使う必要はなくなると考えていたのである。その考えは今も変わらないし、本書でも対話の重要性を明らかにした。

しかし、その後も世界で次々起きる理不尽な出来事を前にした時、たしかに自分の中で怒りの感情が湧き上がるのである。一体、この怒りの感情は何なのか、対人関係の中で起こる怒りとは違うのか。

私の中で解けない疑問を抱えたまま何年も経過した。すぐに結論を出そうとせずに、考え続けるのが私の癖のようだ。ついに（と、私は思った）ある年、三木清に出会った。『人生論ノート』を初めて読んだのは哲学を志した高校生の時だったので、私は三木と再会したというのが正確である。

三木は、怒りを「私憤」と「公憤」とに区別している。このことを知って、長年の疑問が解けた。理不尽なことに対しては怒らなければならないのである。

そして、二年前――。当時、サンガの編集者だった佐藤由樹さんから出版のオファーがあった。企画書を読むと、佐藤さんが私の著書――この頃には私は主治医の言葉を守ってたくさんの本を書いていた――を丁寧に読まれたことがわかったが、『怒らない勇気』というタイトル案があった。

私は『怒る勇気』なら書けるという返事をした。怒りといっても「私憤」や「気分的な怒り」ではなく、「公憤」としての怒りであり、何も語らない、行動しないのではなく、世界を変えていくための勇気をどうしたら持てるかを書いてみたいという私の構想を受け入れてもらえた。

それから二年――。新型コロナウイルスの感染の勢いは一向に止まない。政府のコロナ対応、緊急事態宣言下で開催された東京オリンピックとその後の大惨事は怒りの火を消すことはなかった。

私は戦争をなぜ止められなかったのかとずっと不思議に思っていたが、コロナウイルスの感染拡大が必至であることは専門家でなくてもわかっていたのにオリンピックの開催を止められなかったという経験をし、あの時代のことがよくわかった。

無力感に苛まれたが、燃え盛る火を消す努力を諦めたら、いよいよ火の勢いは増す。抵抗できない大きな力が歴史を動かすのではない。上から押しつけられた絆ではなく、怒りの連帯こそが世界を変えられることも知った。

本書が出版される頃には、そんな時代もあったと思い出せるようになっていることを切望するが、たとえ穏やかな日々を取り戻せたとしても、手を拱いて、抵抗できないように見える大きな力に屈してしまうようであれば、同じことは何度も繰り返されるだろう。

本書は当初サンガから出版されることになっていたが、思いがけずサンガは倒産し、出版できないことになった。その後、河出書房新社からの出版が決まったことはありがたいことだった。

出版に当たっては、佐藤由樹さん、川松佳緒里さん、そして河出書房新社の尾形龍太郎さんに丹念に原稿を読んでいただき、コロナ禍のため直接会えない中オンラインでの打ち合わせを重ねた。心からお礼を申し上げたい。

二〇二一年八月

岸見一郎

参考文献

Bottome, Phyllis. *Alfred Adler: A Portrait from Life*, Vanguard Press, 1957.

Burnet, J. ed., *Platonis Opera*, 5 vols., Oxford University Press, 1899-1906.

Descartes, René, *Les Méditations*, Œuvres philosophique, Tome II, Garnier Frères, 1967.

Fromm, Erich. *Escape from Freedom*, Holt, Rinehart and Winston, 1941.

Goethe, Johann Wolfgang von. *Götz von Berlichingen*, Jazzybee Verlag, 2012.

Goethe, Johann Wolfgang von. *West-östlicher Divan, Epen. Maximen und Reflexionen*, HardPress, 2018.

Laing, R.D. *Self and Others*, Pantheon Books, 1961.

Manaster et al. eds., *Alfred Adler: As We Remember Him*, North American Society of Adlerian Psychology, 1977.

Rilke, Rainer Maria. *Geschichten vom lieben Gott*, Alica Editions, 2019.

Sontag, Susan. *Illness as Metaphor and AIDS and Its Metaphors*, Picador, 2001.

Thucydides. *Historiae*, Jones, H.S., Powell, J.E. eds., Oxford. Oxford University Press. 1942.

アドラー、アルフレッド『生きる意味を求めて』岸見一郎訳、アルテ、二〇〇八年

アドラー、アルフレッド『性格の心理学』岸見一郎訳、アルテ、二〇〇九年

アドラー、アルフレッド『教育困難な子どもたち』岸見一郎訳、アルテ、二〇〇九年

アドラー、アルフレッド『人生の意味の心理学（上）』岸見一郎訳、アルテ、二〇一〇年

アドラー、アルフレッド『人生の意味の心理学（下）』岸見一郎訳、アルテ、二〇一〇年
アドラー、アルフレッド『個人心理学講義』岸見一郎訳、アルテ、二〇一二年
アドラー、アルフレッド『子どもの教育』岸見一郎訳、アルテ、二〇一四年
伊坂幸太郎『ＰＫ』講談社、二〇一四年
今西錦司『生物の世界』（『中公クラシックスJ8』所収、中央公論新社、二〇〇二年）
今西錦司『自然学の提唱』（『中公クラシックスJ8』所収、中央公論新社、二〇〇二年）
上野正彦『死体は切なく語る』東京書籍、二〇〇六年
加藤周一『羊の歌』岩波書店、一九六八年
加藤周一『9条と日中韓』かもがわ出版、二〇〇五年
河合隼雄・村上春樹『村上春樹、河合隼雄に会いにいく』新潮社、一九九六年
岸見一郎・古賀史健『嫌われる勇気』ダイヤモンド社、二〇一三年
岸見一郎『三木清『人生論ノート』を読む』白澤社、二〇一六年
岸見一郎『シリーズ世界の思想　プラトン『ソクラテスの弁明』』ＫＡＤＯＫＡＷＡ、二〇一八年
岸見一郎『マルクス・アウレリウス「自省録」』ＮＨＫ出版、二〇一九年
岸見一郎『人生は苦である、でも死んではいけない』講談社、二〇二〇年
岸見一郎『三木清　人生論ノート』ＮＨＫ出版、二〇二一年
木村敏『あいだ』筑摩書房、二〇〇五年
木村敏『関係としての自己』みすず書房、二〇〇五年
木村敏『生命のかたち／かたちの生命』青土社、二〇〇五年

木村敏『心の病理を考える』岩波書店、一九九四年
木村敏、檜垣立哉『生命と現実』河出書房新社、二〇〇六年
串田孫一『雑木林のモーツァルト』時事通信社、一九九三年
スレザーク、トーマス『プラトンを読むために』内山勝利他訳、岩波書店、二〇〇二年
田中美知太郎『ロゴスとイデア』筑摩書房、一九六八年（『田中美知太郎全集』第一巻所収）
田中美知太郎『時代と私』文藝春秋、一九八四年
鶴見俊輔『大人になるって何？』晶文社、二〇〇二年
ドストエフスキー『白痴』木村浩訳、新潮社、一九七一年
長尾雅人訳注『維摩経』中央公論社、一九八三年
中岡成文「対話と実践」（『新・岩波講座　哲学 10』岩波書店、一九八五年、所収
藤沢令夫『ギリシア哲学と現代』岩波書店、一九八〇年
藤沢令夫『イデアと世界』岩波書店、一九八〇年
藤沢令夫『プラトンの哲学』岩波書店、一九九八年
フロム、エーリッヒ『愛するということ』鈴木晶訳、紀伊國屋書店、二〇二〇年
フランクル、ヴィクトール『夜と霧』霜山徳爾訳、みすず書房、一九六一年
ヘーシオドス『仕事と日』松平千秋訳、岩波書店、一九八六年
辺見庸『愛と痛み』河出書房新社、二〇一六年
星野一正『医療の倫理』岩波書店、一九九一年
三浦しをん『舟を編む』光文社、二〇一一年

三木清『三木清全集』岩波書店、一九六六〜一九六八年
三木清『人生論ノート』新潮社、一九五四年
三木清『語られざる哲学』（三木清『人生論ノート』KADOKAWA、二〇一七年所収）
鷲田清一『「聴く」ことの力』TBSブリタニカ、一九九九年
レイン，R・D『レイン　わが半生』中村保男訳、岩波書店、二〇〇二年
ロス、キューブラー、他『永遠の別れ』上野圭一訳、日本教文社、二〇〇七年

編集
佐藤由樹（株式会社サンガ新社）
川松佳緒里

河出新書 037

怒《いか》る勇気《ゆうき》

二〇二二年一〇月二〇日 初版印刷
二〇二二年一〇月三〇日 初版発行

著者 岸《きし》見《み》一郎《いちろう》

発行者 小野寺優
発行所 株式会社河出書房新社
〒一五一－〇〇五一 東京都渋谷区千駄ヶ谷二－三二－二
電話 〇三－三四〇四－一二〇一［営業］／〇三－三四〇四－八六一一［編集］
https://www.kawade.co.jp/

マーク tupera tupera
装幀 木庭貴信（オクターヴ）
印刷・製本 中央精版印刷株式会社

Printed in Japan ISBN978-4-309-63138-7
落丁本・乱丁本はお取り替えいたします。

そして、
みんなバカになった

橋本 治
Hashimoto Osamu

21世紀、バカの最終局面に入った日本へ。
橋本治が2000年代に残した
貴重なインタビューから、
本当の教養とは何かを学ぶ！
高橋源一郎さんによる、
書き下ろしエッセイを収録！

ISBN978-4-309-63119-6

河出新書
018

仏教の誕生

佐々木閑
Sasaki Shizuka

二千五百年もの間、「生きることがつらい」と
感じる人たちを救い続けている
ユニークな「社会」がある。
「仏教」はなぜ、生まれたのか?
厄災多き時代に贈る、最高にわかりやすい
仏教連続講義、開幕。

ISBN978-4-309-63125-7

河出新書
023

一億三千万人のための『論語』教室

高橋源一郎
Takahashi Genichiro

『論語』はこんなに新しくて面白い！
タカハシさんによる省略なしの
完全訳が誕生。
社会の疑問から、人間関係の悩み、
「学ぶこと」の意味から「善と悪」まで。
あらゆる「問い」に孔子センセイが答えます！

ISBN978-4-309-63112-7

河出新書
012